Inhalt

MIBA-Verlag, Nürnberg
ISBN 978-3-89610-265-2

Redaktion:
Martin Knaden, Lutz Kuhl, Gerhard Peter, Joachim Wegener
Litho: WaSo PrePrintService GmbH, Düsseldorf
Gesamtherstellung: WAZ-Druck GmbH, Duisburg

Weilburg an der Lahn

Text: Martin Knaden, Fotos: M. Knaden, W. Laanstra

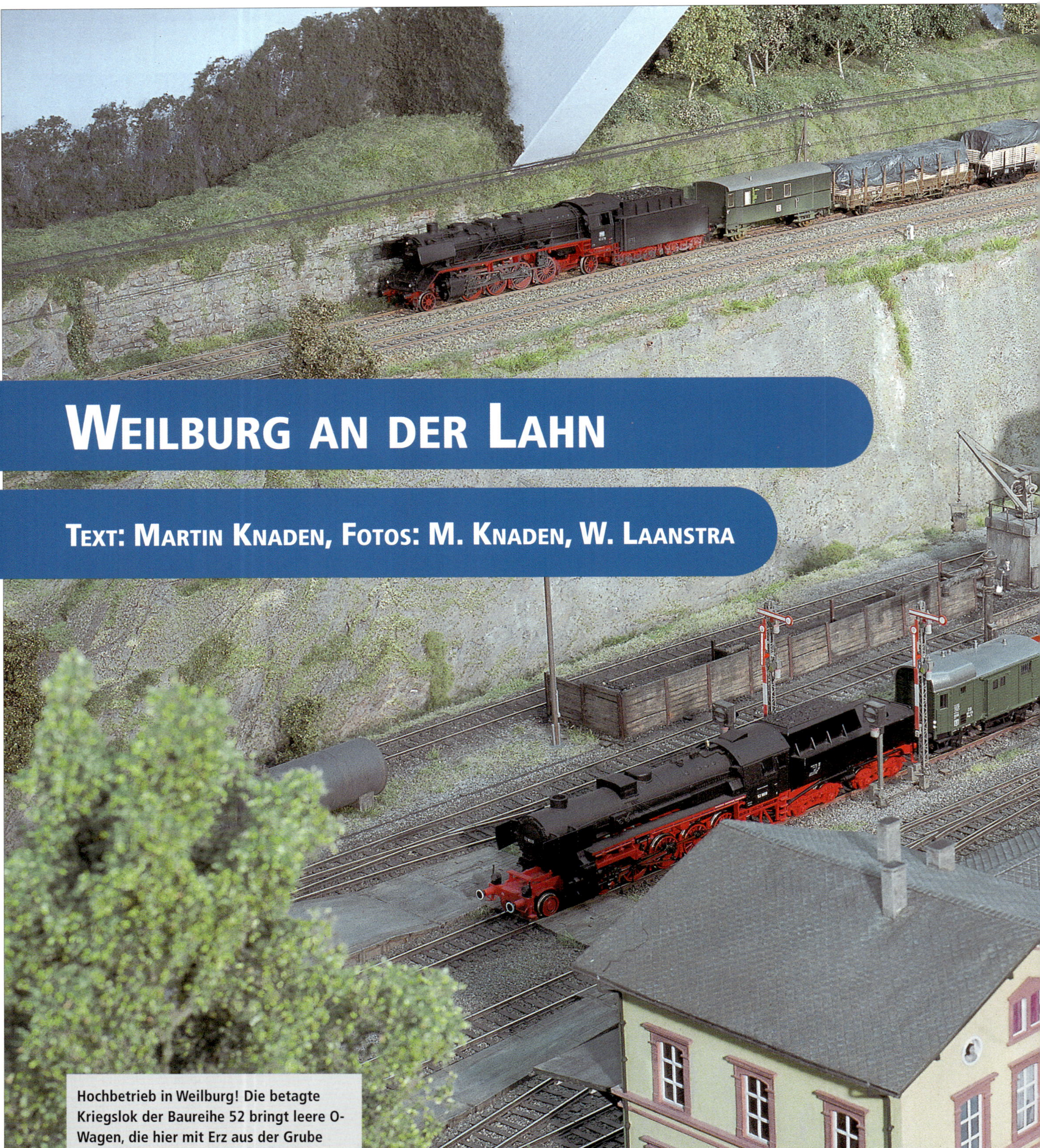

Hochbetrieb in Weilburg! Die betagte Kriegslok der Baureihe 52 bringt leere O-Wagen, die hier mit Erz aus der Grube „Waldhaus" beladen werden. Aus Richtung der Weiltalbahn trifft außerdem ein Schienenbus ein. Das Bahnbetriebswerk ist trotz seiner geringen Abmessungen mit relativ großen Maschinen gut ausgelastet, während auf der Paradestrecke ein auch für das Lahntal typischer Güterzug mit der schnellen 41 rumpelt. Wie perfekt das EG gebaut wurde, zeigt die Vergleichsaufnahme vom Vorbild.
Kleines Foto: Archiv Michael Meinhold

WEILBURG

Der nördliche Bahnhofskopf. Zwischen Ausfahrt und den benachbarten Berghängen quetscht sich noch die Sturzbühne der Erzgrube „Waldhaus". Unermüdlich wuselt die fleißige V 36 413 mit ihren Güterwagen hin und her. Am Bahnsteig begegnen sich derweil E 3239 und der leicht verspätete E 576, dessen Lokführer konzentriert das immer noch Hp 0 zeigende Hauptsignal fixiert.

Die Lahntalbahn zählt zu den landschaftlich schönsten Bahnstrecken in Deutschland. Eingebettet in eine reizvolle Flusslandschaft konnte sie ihren ursprünglichen Charakter bewahren, denn die Strecke wurde nie elektrifiziert. Diese Umstände waren für Wim Laanstra Grund genug, einen Teil der Bahn in H0 zu bauen. Seine Wahl fiel auf den Bahnhof Weilburg.

Nomen est omen. Der alte lateinische Spruch bewahrheitet sich hier besonders gut. Denn schon durch seinen Namen war Wim Laanstra – die im Deutschen und im Niederländischen unterschiedliche Dehnung von Vokalen durch Hinzufügung eines h oder Verdoppelung lassen wir mal außen vor – geradezu prädestiniert für dieses Anlagenthema.

Es war die Sonderausgabe des Eisenbahn-Journals „Lahntalbahn" von 1989, die bei dem gebürtigen Friesen die Idee zum Anlagenbau hervorrief. Ein windungsreich dahingleitender Fluss, eingerahmt von sanften Hügeln und mancherorts schroffen Felsen – die ideale Vorlage für den Anlagenbau. Als Fotomotiv ist die Strecke nach wie vor auch deswegen besonders beliebt, weil sich die direkt am Ufer entlanggeführte Bahn wunderbar im leicht gekräuselten Wasser spiegelt.

Spontan wurde der Beschluss gefasst, die Strecke vor Ort zu besichtigen. Das eigene Erleben und Anschauen festigte den Willen zum Anlagenbau. Doch welcher Abschnitt sollte es werden? Wim Laanstra entschied sich für den Bahnhof Weilburg. Nicht weit von hier lag der Abzweig nach Friedrichsdorf, die Strecke überquert unmittelbar am Bahnhof auf einer fotogenen Gitterbrücke den Fluss und verschwindet sodann in einem Tunnel – alles in allem ein sehr reizvolles Arrangement.

Und da war noch eine Besonderheit, der ein Niederländer nicht widerstehen kann: In Weilheim liegt Deutschlands einziger Flusstunnel! Diese Kombination aus Schifffahrt und Bergen musste auch auf die Anlage, selbst wenn dazu die Lage nicht originalgetreu übernommen werden konnte!

Schon bald begannen die Planungen. Als Raum stand ein schmaler, dafür aber langgezogener Dachboden zur Verfügung. Knapp 10 Meter boten genug Länge, um den Bahnhof Weilburg nebst den anschließenden Kurven unterzubringen. Damit der berühmte Schiffstunnel auch seinen ihm gebührenden Platz finden konnte, wurde er auf die andere Seite der Bahnbrücke verlegt – auch in dieser Anordnung ist die Szenerie sehr überzeugend getroffen.

Auf einem soliden Unterbau aus Vierkanthölzern lagern zu beiden Seiten des Mittelganges Schattenbahnhöfe, die über lange Rampen mit flacher Neigung zu erreichen sind. Somit können auch vorbildlich lange Zuggarnituren den Höhenunterschied zwischen Unterwelt und sichtbarem Teil störungsfrei überwinden. Da auf der gegenüberliegenden Seite des Raumes noch der Bahnhof Calw geplant ist, sind die Rampen so angelegt, dass die Züge für Weilburg unter Calw stehen und umgekehrt.

Natürlich konnte der Gleisverlauf nicht exakt vom Vorbild übernommen werden. So ist am nördlichen Bahnhofskopf ein weiterer Tunnel errichtet worden um die Zufahrt zum Schattenbahnhof zu tarnen. Außerdem liegt am Hang oberhalb der Lahn noch eine zusätzliche Paradestrecke, auf der man Züge auch mal bei der Vorbeifahrt beobachten kann.

Die Bahnhofsgleise selbst wurden mit einer gewissen Vereinfachung wiedergegeben. Die charakteristische Lage aller Hauptkomponenten wie Empfangsgebäude, Bahnsteige oder Bahnbetriebswerk konnte aber beibehalten werden. Auch die in Haupt- wie Ran-

Kurz zuvor war E 3239 mit geschlossenem Regler in den Bahnhof gerollt. Zwischen Lokschuppen und Empfangsgebäude ist kaum Platz für die Streckengleise.

Am Bahnsteig interessiert sich ein Eisenbahnfan für das Triebwerk der Lok.

Unten: „Heiße Würstchen!“ Ein typischer Proviantwagen kümmert sich um das leibliche Wohl der Fahrgäste. Doch den Herrschaften ist jetzt das Einsteigen wichtiger.

Der Fahrdienstleiter im Stellwerk Weilburg Wf hat den Güterzug „auf die Seite" genommen.

Rechts: Dann taucht auch schon die P 8 mit ihrem Zug auf. Der Lokführer schaut interessiert auf die Arbeiter unter der Sturzbühne.

Nach dem Aufenthalt rumpelt die 03 mit kräftigem Auspuffschlag über die Weichen Richtung Gießen. Sobald der Block frei gemeldet wird, wird ihr auch die 52 folgen – jedoch mit sehr viel geringerer Geschwindigkeit.

giergleisen verlegten Doppelkreuzungsweichen finden wir im Modell an der gewohnten Stelle wieder. Alle Gleise und Weichen stammen aus dem Programm von Peco. Die Flanken der Profile wurden sorgfältig mit Rostfarbe behandelt, bevor die Gleise in Echtsteinschotter eingebettet werden konnten.

Damit der Schotter keine „tote“ Fläche darstellt, wurden allerlei Kleinteile aus dem Weinert-Programm verbaut. Insbesondere die Seilzugkanäle zu den Weichenantrieben und Signalen durchziehen, ausgehend von den beiden Stellwerken, den gesamten Bereich. Aber auch Grenzzeichen, Weichenlaternen und einige Kilometersteine – natürlich mit den korrekten Kilometer-Angaben – wurden eingebaut.

Die Signale stammen von Viessmann. Das sieht zumindest von vorn gut aus; die auf der Rückseite wenig vorbildgerechte Mechanik ist aus der normalen Perspektive vom Stellpult aus nicht zu sehen. Auf dem Bahnsteig stehen einige Laternen, die ebenfalls von Viessmann stammen.

Aufgelockert wird der Gleisbereich durch hier und da wucherndes Unkraut oder mal ein kleines Fleckchen Gras. Zwar wurden damals die Hauptgleise mithilfe von großzügig verteilten Chemikalien unkrautfrei gehalten, aber es

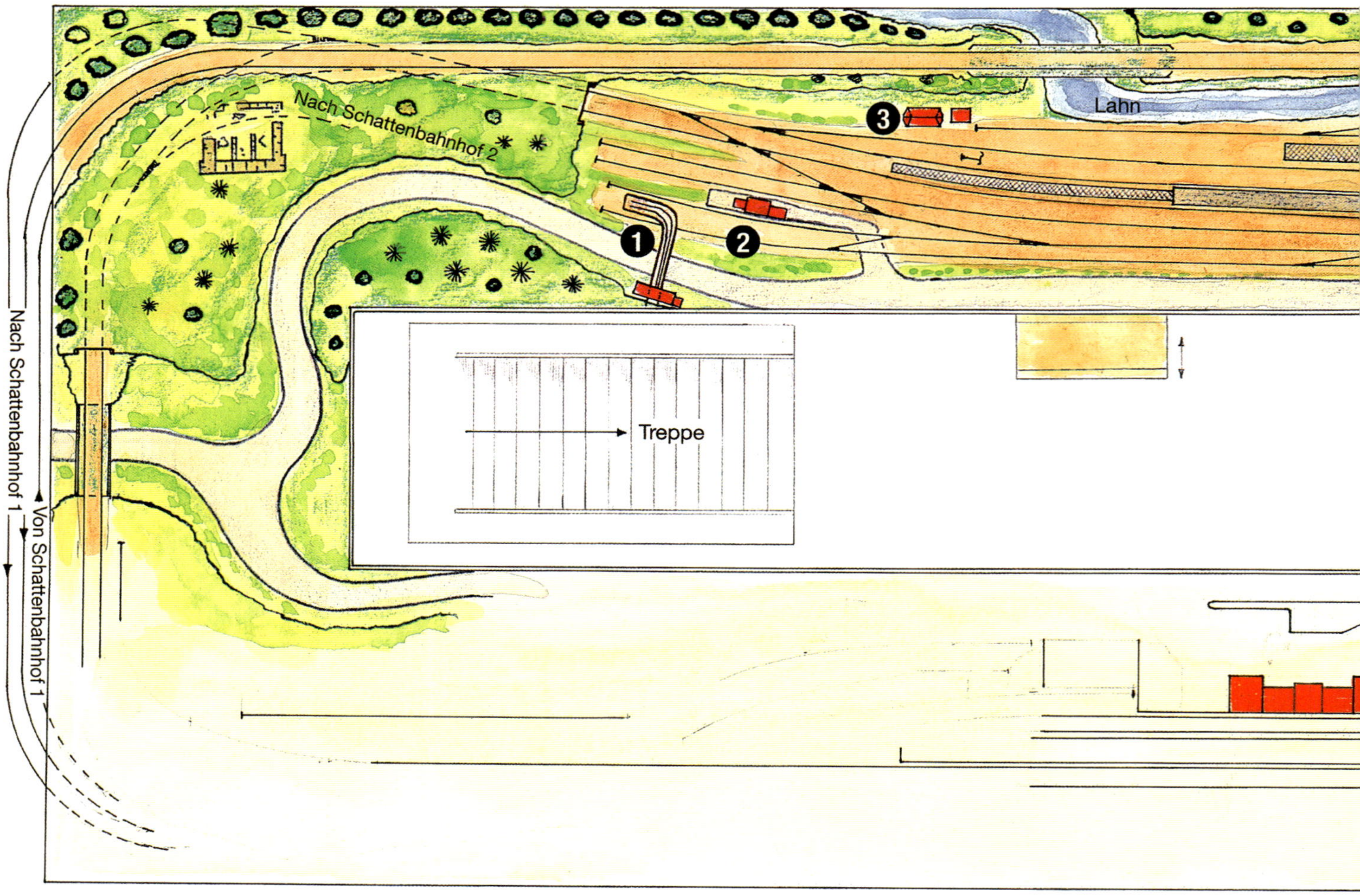

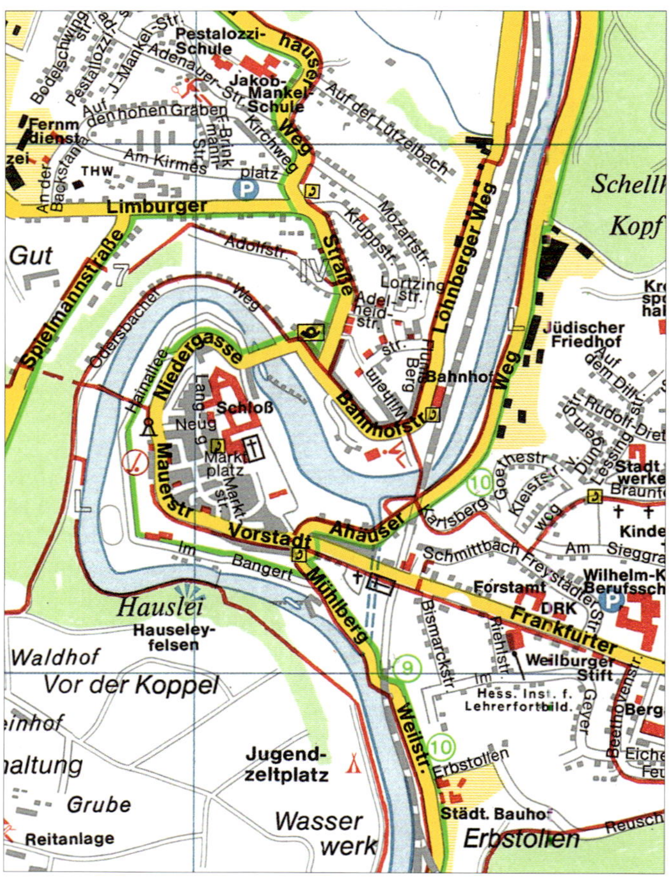

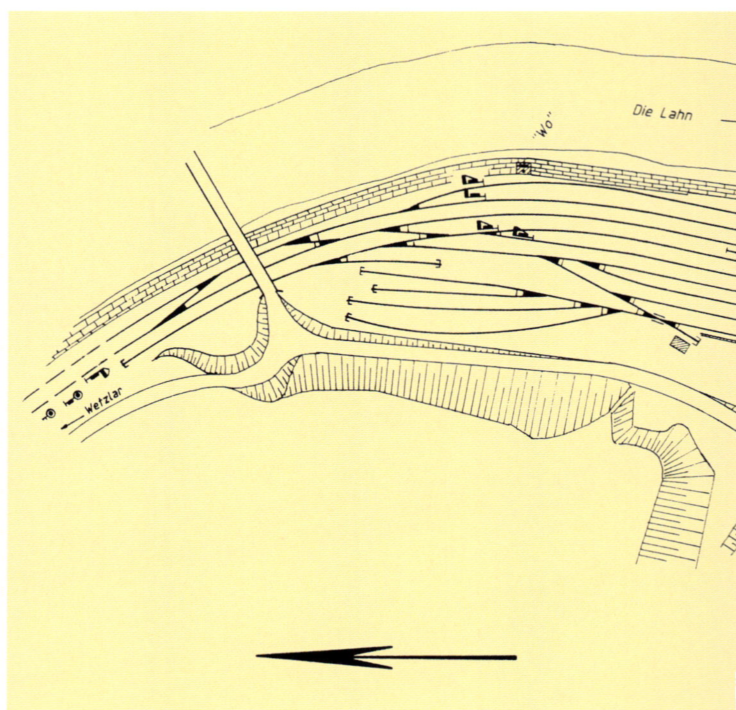

Der Gesamtplan der Anlage. Im oberen Teil ist Weilburg entstanden, im unteren Teil wird dereinst Calw zu bewundern sein. *Kolorierung: lk*
Links der Kartenausschnitt mit der Lage von Bahnhof, Lahnschleife um den Schlossberg und Schiffstunnel.
Abb.: Archiv Michael Meinhold

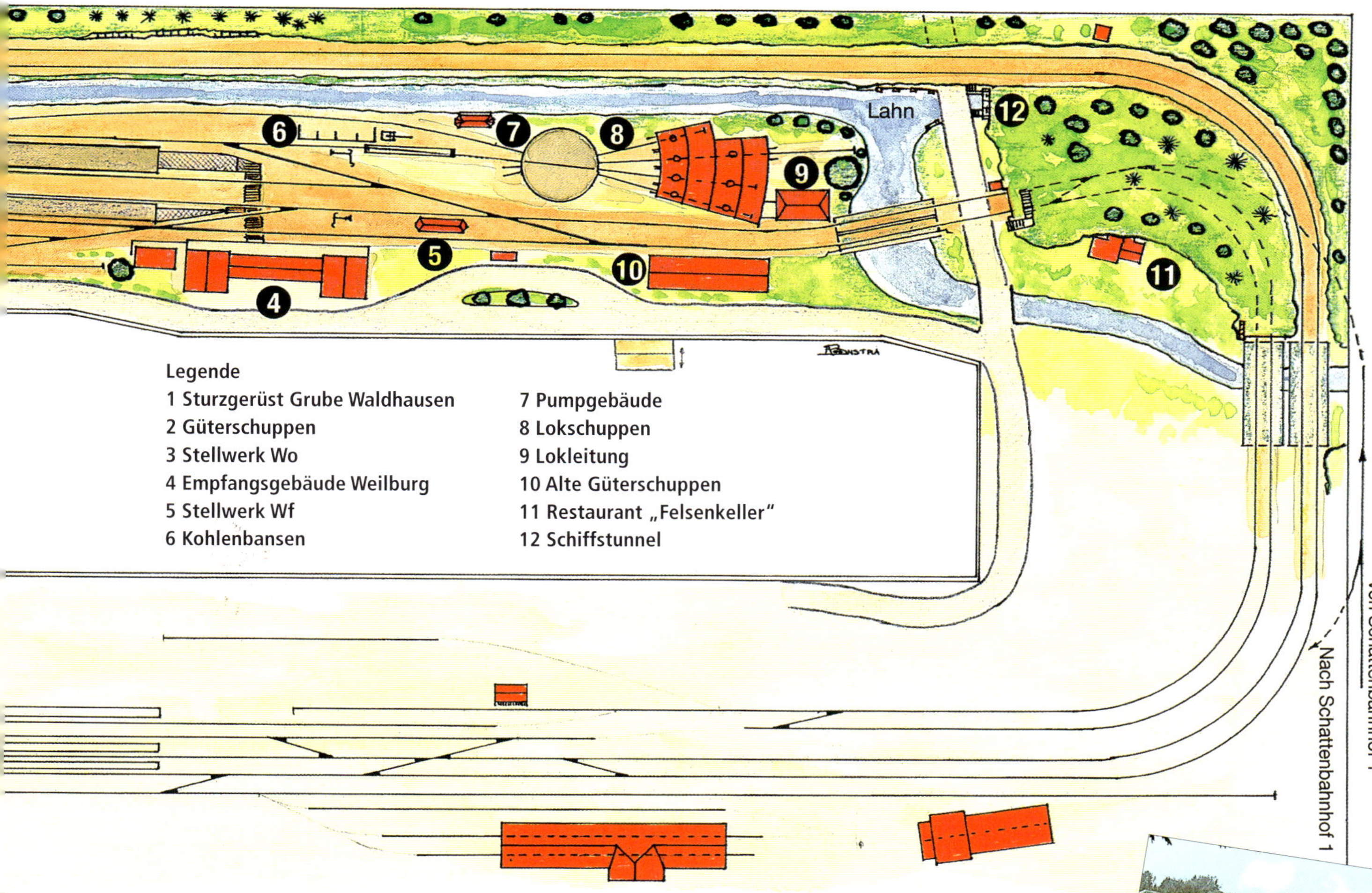

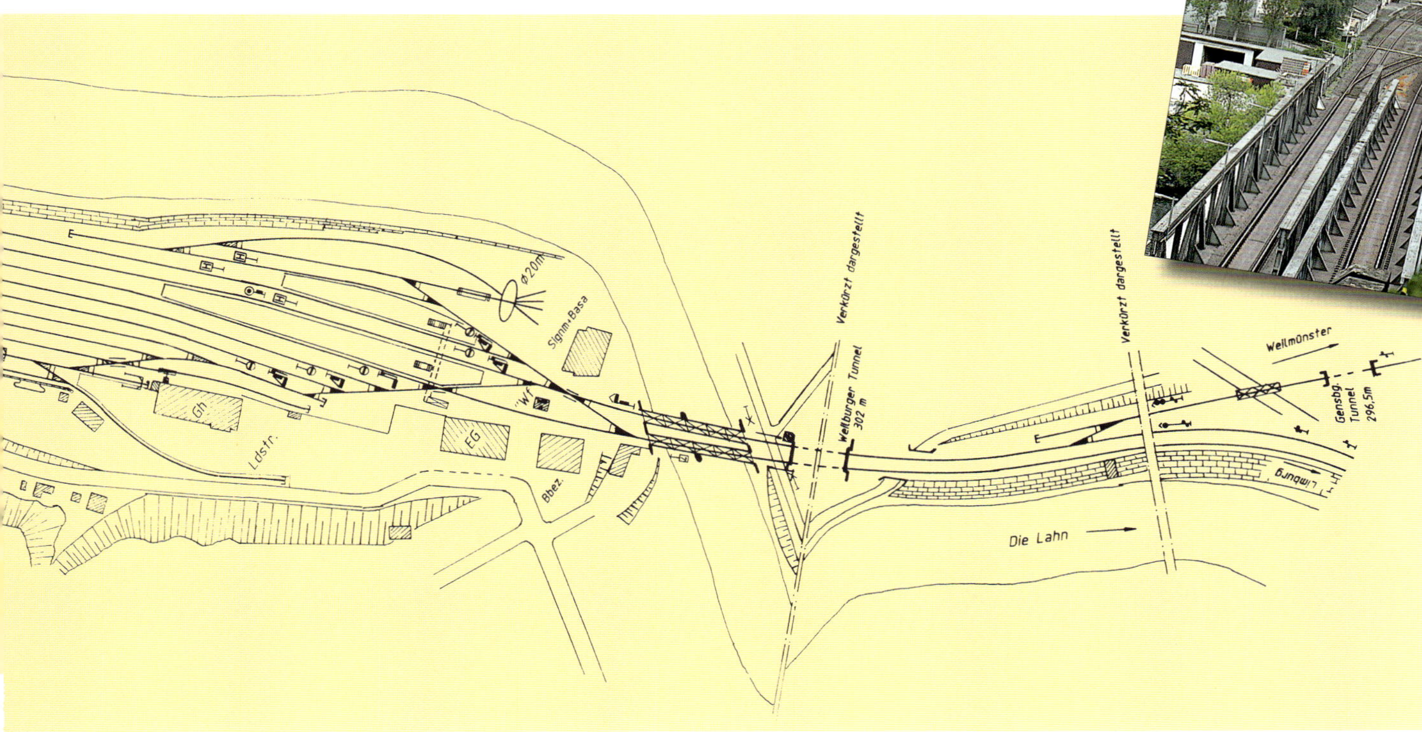

Unten: Der Gleisplan von Weilburg im Bauzustand von 1982. Unterhalb des (verkürzt dargestellten) Weilburger Tunnels macht die Lahn eine Schleife um den Schlossberg, der westlich des Bahntunnels auch vom Schiffstunnel durchquert wird. *Zeichnung: Klaus Pöhler, Archiv Michael Meinhold*

Rechts: So fiel der Blick vom Tunnelportal an der Lahn über die Brücke in den Bahnhof. Die Berghänge zeigen, in welcher Enge Straße und Bahnstrecke liegen. *Foto: Michael Meinhold*

Für die hiesigen Verhältnisse dieser kleinen Lokstation ist die P 8 schon einer sehr große Maschine. Entsprechend lange dauert es, bis der einst von einer Kriegslok übernommene Tender voll ist.

Links: Achtungspfiff – und los gehts. Der Fahrdienstleiter hat inzwischen dem Güterzug eine Fahrstraße gestellt und zeigt ihm nun Hp 2 an. Langsam setzt sich die Fuhre in Bewegung und biegt über die schlanke Weiche auf das Streckengleis ein.

gab immer ein paar Randbereiche, in denen die Natur zaghafte Versuche einer Rückeroberung anstellte.

Insbesondere im Bereich des Bahnbetriebswerks findet man hier und da auch ein paar unaufgeräumte Stellen. Da kann mal ein Stapel Schwellen auf die Wiederverwendung warten, oder ein paar Mauersteine sind von der letzten Reparatur übriggeblieben und niemand hat sich um die Beseitigung solcher Stolpersteine gekümmert. Ansonsten ist aber die kleine Welt recht ordentlich – was durchaus noch Raum gibt für zukünftige Ergänzungen der Gestaltung.

Das Bahnbetriebswerk ist nur eine kleine Station für die auf der Weiltalbahn (über Freienfels und Weilmünster nach Laubuseschbach) eingesetzten Maschinen. Die Dampfrösser der Eil- und D-Züge werden hier nicht versorgt. Entsprechend beschaulich geht es auch an der kleinen Bekohlung zu. Die Wasserversorgung spielt allerdings schon eine größere Rolle, denn auch die Lokomotiven der überregionalen Züge können über Wasserkräne direkt am Bahnsteig versorgt werden.

Die Nähe zur Lahn legte es natürlich nahe, dass das benötigte Wasser aus dem Fluss verwendet wurde. Daher gab es unmittelbar am Ufer ein kleines Pumpengebäude, welches über ent-

In den Höhenlagen des Taunus war ein Schneepflug ein wichtiges Gerät. Den Sommer verbringt der nützliche Geselle „dösend“ auf einem Gleisstummel.

Bahn und Kahn auf der Lahn! Über die Paradestrecke mit ihrer Stahlfachwerkbrücke rumpelt ein beladener Güterzug, während unten ein Lahnschiffer mühsam dem gewundenen Lauf des Flusses folgt.

SEEFISCHE

Links: Die V 36 413 hat mit ihren Güterwagen Weilburg erreicht. Eine Ladung Grubenholz ist für die Erzgrube „Waldhaus" vorgesehen. Also heißt es abkuppeln, Weichen stellen, umsetzen und zustellen. Der Rangierer winkt währenddessen fortwährend mit dem Arm, um dem Lokführer freie Fahrt zu signalisieren.

Unten: Gleich neben der Sturzbühne ist die kleine Ladestraße angesiedelt. Von hier wird V 36 413 anschließend den Rungenwagen abziehen.

„Fertig“, schreit der Rangierer und meint damit wohl, dass der Kupplungshaken der Rangierlok den Kupplungsbügel des Wagens aufgenommen hat.

Die „Limburger Zigarre“ war ein optisch wie technisch ganz besonders herausragendes Fahrzeug auf der Lahntalbahn. Hier hat eine Garnitur aus Motor- und Steuerwagen Weilburg erreicht.

Unten: Nachdem das Rangiergeschäft in Weilburg abgeschlossen ist, macht sich V 36 413 auf den Weg zur nächsten Station. In Gräveneck werden die G-Wagen schon erwartet.

Unten: Die Sturzbühne aus der Nähe betrachtet. Fast pausenlos pendelt die Feldbahnlok mit den Loren zwischen Bergwerk und Bühne hin und her. Der Erzbergbau hat im Lahntal eine lange Tradition. Vor dem Bau der Lahntalbahn waren die geförderten Erzbrocken mit Lahnschiffen abtransportiert worden. Mit der Fertigstellung des letzten Abschnitts der Lahntalbahn 1863 stellten zahlreiche Gruben den Abtransport auf dieses deutlich schnellere Transportmittel um. Die Grube Waldhaus in Weilburg war 1980 die letzte Grube, die die Verladung über Sturzbühnen beendete.

WEILBURG

Erzzüge und Akkutriebwagen – gleich zwei typische Eisenbahnfahrzeuge der Lahntalbahn begegnen sich hier im und über dem Bahnhof Weilburg, dessen Empfangsgebäude von hohen Bäumen flankiert wird. Jeder einzelne dieser Bäume entstand in Handarbeit aus zusammengelötetem Draht, der mit feinstem Laub beflockt wurde. Die Bewaldung des Hintergrundes erfolgte sehr viel einfacher durch Bäume aus Seeschaum.

Impressionen rund um das Empfangsgebäude. Die äußerst aufwendig gestaltete Fassade des EGs berücksichtigt auch kleinste Details in den Fenstereinfassungen. Die Ziersäulen neben dem Eingang sind sogar noch mal extra farblich abgesetzt.

Rechts: Der imposante Baum beschattet den kleinen Parkplatz vor dem Treppenabgang. Die bescheidene Anzahl von Stellplätzen genügte damals wohl …

Unten: Als Taxis noch schwarz waren – zielstrebig steuert ein Fahrgast auf die wartende Karosse zu. Auch der ältere Ponton-Benz hat einen Parkplatz direkt vor der Tür bekommen. Nach heutigen Verhältnissen unvorstellbar …

Am Treppenabgang sind Scheiben zu Bruch gegangen. Doch schon sind die Glaser zur Stelle und reparieren den Schaden. Ob es allerdings so schlau war, die neue Scheibe heranzutragen, bevor nicht die alte ausgebaut ist? Man beachte auch das feine Gestell auf dem Pritschen-Bully!

Links: Weil der Hausbahnsteig durch die großen Mittelbahnsteige funktionslos geworden ist, konnten hier einige Drahtseilzüge installiert werden, ohne das Ein- und Aussteigen der Fahrgäste zu behindern. Höchst beachtenswert ist ein winziges Detail am Rande: Die seitlichen Dachstützen besitzen eine superfiligrane Füllung aus Gusseisen. Diese Füllungen entstanden im Modell in Ätztechnik.

Unten: Die Eingangstür noch mal aus der Nähe. Kaum zu glauben, aber alles reine Handarbeit!

Über die Gelenkwasserkräne konnten Lokomotiven am Bahnsteig mit Wasser versorgt werden. Da mit einem Zug am Haken das genaue Bremsen schwierig war, konnten diese Wasserkräne in gewissem Maß flexibel eingestellt werden.

Links und unten: Versorgt wurden die Kräne mit Lahnwasser über das Pumphäuschen, das direkt am Ufer stand. Von Zeit zu Zeit muss ein Bw-Arbeiter mal nach dem Rechten sehen.

sprechende Maschinen und Filter verfügte. Das kleine Häuschen musste im Selbstbau erstellt werden, weil es natürlich keinen passenden Bausatz dieser Art bei den Großserienherstellern gab.

Besonderer Wert wurde auf die Gebäude gelegt. Der im Original 1983 abgerissene Lokschuppen ist auf einer stabilen Grundplatte erstellt, deren Dicke in etwa der Tiefe der Untersuchungsgruben entspricht. Die Seitenwände mit den halbrunden Fensteröffnungen sind aus Kunststoffplatten gefräst. Im Bereich der Fenster sind die Öffnungen noch zusätzlich aufgeweitet, damit die Fenster eingesetzt werden können. Diese bestehen aus Ätzblechen, damit die filigranen Fensterkreuze vorbildgerecht wiedergegeben werden können. Das Dach besteht aus einer Kunststoffplatte, die mit Streifen von 600er-Schmirgelpapier beklebt ist. Damit kann sehr gut eine Eindeckung mit Dachpappe imitiert werden.

Die fünf Schuppentore – während der linke Stand nur die halbe Länge aufweist, hat der Stand daneben auch auf der Rückseite ein Tor und das Gleis läuft durch bis zu einem Freistand – bestehen aus Polystyrol. Aus Platten und Profilen ist jedes einzelne Tor zusammengeklebt. Montagelehren und

Auch die Baureihe 66 war nachweislich auf der Lahntalbahn eingesetzt. Ob 66 001 aber jemals ihre Vorräte im Bw Weilburg ergänzt hat, ist nicht verbürgt. Gleichwohl ist die Maschine von der Größe her hier durchaus überzeugend.

Unten: Auch die 93.5 ist durch alte Fotos auf der Lahntalbahn verbürgt. Mit einer Übergabe ist 93 682 vom Bw Limburg wohl nach Weilburg gekommen. Die Pause wird vom Personal der bestens gepflegten Lok für die allfälligen Wartungsarbeiten genutzt.

Ausnahmsweise sind an diesem Abend keine Lokomotiven im Schuppen abgestellt. Das gibt uns die Gelegenheit, einen Blick auf die Inneneinrichtung zu werfen.

Rechts: „Rotröcke“ unter sich. Alte und neue Bahnbusse warten auf die Fahrgäste der „Limburger Zigarre“, um sie ins Umland der Lahntalbahn zu bringen.

Unten: Passt gerade noch auf die Drehscheibe: die preußische P 10.

Ein Übersichtsbild des Bahnbetriebswerkes aus der Bauphase, weshalb wir hier mal nicht auf die unorthodoxe Signalstellung achten wollen …

Links: Die Bahn transportiert brav ihre zukünftigen Konkurrenten. Ein Autozug, der offensichtlich aus Wolfsburg kommt, passiert Weilburg auf der Paradestrecke.

Darunter: Blick über den Bahnhof Weilburg auf die gegenüberliegende Anlagenseite. Solange dort Calw noch nicht realisiert ist, sammelt sich allerlei Material an.

Unten: Hinter dem Lokschuppen residiert die Lokleitung in dieser Villa. Der Fußweg ist durch ein Gitter vom Gleisbereich abgetrennt.

Zigarren im Zugdienst. Das Streckengleis führt direkt am alten Güterschuppen vorbei. Auch dieses Gebäude wurde aus Kunststoffplatten gefräst und mit geätzten Details versehen.

Rechts oben: Während das warme Licht von Glühbirnen Lok- und Güterschuppen erhellt, wirken die neuartigen Leuchtstoffröhren, die im Akkutriebwagen eingebaut sind, recht kalt.

Rechts: In vielen verschiedenen Farbtönen changieren Widerlager und Stützmauer an der Lahn. Auch Tunnelportal und Steinbogenbrücke zeigen dezente Farbspiele, wie überhaupt die gesamte Anlage farblich sehr überzeugend wirkt.

Unten: Der Güterschuppen ist zumindest von der Straßenseite her problemlos zu erreichen. Der Rollfuhrdienst der Bundesbahn wird hier offensichtlich schon erwartet.

Kohlen & Heizöl

Alle Verkehrswege kreuzen sich hier auf engstem Raum. Paradestrecke, Straße und ein Kanal besetzen jeweils ihre eigene Ebene und kreuzen somit niveaufrei. Oben die schon vom Bw bekannte 93 mit ihrer Übergabe.

Links: Zwischen Bahnbetriebswerk und Lahnufer fand sich tatsächlich ein Plätzchen für ein wenig Natur. In dieser fast schon idyllischen Umgebung ist das Freigleis gelegen, auf dem gelegentlich defekte Wagenachsen getauscht werden.

Rechts oben: Nur die Hauptstrecke nach Gießen und die Straße liegen niveaugleich und müssen daher mit einer Schranke abgesichert werden.

Rechts: Dieses Stellwerk „Cölbe“ war einige Jahre lang der Platzhalter für einen exakten Nachbau. Dennoch: Obwohl es nur eine Übergangslösung darstellt, ist die Farbgebung sehr realistisch angelegt.

DESBAHN

Nach Absolvierung der Paradestrecke hat der Güterzug Weilburg erreicht. Der Ladeschaffner hat schon ungeduldig die Tür geöffnet.

ein rechter Winkel sorgten für eine präzise Bauausführung. Die Drehachsen bestehen aus angeklebten Messingrohren. Darin liegen Stahldrähte als Achsen, die durch die Grundplatte bis zu den Antrieben reichen.

In ähnlicher Weise wurde auch das Empfangsgebäude erstellt. Aus dem bewährten Material-Mix entstanden Wände und Dach, Fenster und Türen wurden aus Messingblech geätzt. Recht aufwendig waren die Buchstaben an der Fassade: Auf einer geätzten Grundlage ist Füllstoff aufgetragen, um den halbrunden Querschnitt der Buchstaben zu erhalten.

Lisenen und die vorstehenden Fenstereinfassungen wurden nach dem gelben Fassadenanstrich aus braun gestrichenen Polystyrol-Profilen aufgeklebt. Die anderen Zierelemente der Fassade bestehen wiederum aus Ätzteilen. Nicht alle Gebäude konnten ihren Vorbildern exakt nachgebaut werden. Einige Jahre lang mussten Stellwerke aus Großserienproduktion als Platzhalter dienen. Wie man auf den hinteren Bildern sieht, konnte inzwischen aber auch das Stellwerk „Weilburg Wf“ aufgestellt werden.

Betrieb

Die Fahrzeuge repräsentieren einen Querschnitt des zur Epoche III von der Bundesbahn hier eingesetzten Rollmaterials. Neben den Dampfloks, die mit ihren Eil- und D-Zügen Station machen, gibt es auch die für damalige Zeiten hochmodernen Akkutriebwagen. Diese als „Limburger Zigarren“ bekanntgewordenen Triebwagen dürfen auf ihrer Stammstrecke keinesfalls fehlen. Das herrliche Kato-Modell zählt denn auch zu den Lieblingsmodellen.

Der Güterverkehr wird abgewickelt von Dampfloks der Baureihen 44 und 50. Die leichte Nebenbahnmaschine hat regelmäßig Ng-Züge am Haken, während die schweren Dreizylinder-Loks mit den schweren Erzzügen den Löwenanteil der Tonnage bilden.

Eine Besonderheit ist noch die kleine Erzverladung am nördlichen Bahnhofskopf. Hier entlädt eine Feldbahn aus der Grube „Waldhaus“ ihre Erzloren über ein Sturzgerüst in bereitgestellte Wagen. Die O-Wagen werden von einer Lenz-V 36 bereitgestellt und wieder abgeholt. Die digital steuerbare Kupplung ist für solche Aufgaben ideal. Die Feldbahn-Garnitur pendelt aus einem kurzen Tunnel auf die Bühne.

Ein kleines Blockstellenhäuschen liegt am Rande der Paradestrecke. Seine Bewohner sind in dieser Abgeschiedenheit ganz offensichtlich auf Selbstversorgung angewiesen.

Links: 1847 wurde Deutschlands einziger Schiffstunnel eröffnet. Bereits 10 Jahre später hatte sich das Projekt durch den Bau der Lahntalbahn aber schon wieder erübrigt. (Heute wird der Tunnel durch Kanufahrer genutzt.) Der am Tunnelportal festgemachte Lastkahn wartet also schon seit vielen Jahren auf bessere Zeiten …

Über einen ungesicherten Fußweg erreichen die Bediensteten der Blockstelle ihren Arbeitsplatz. Nur auf einer Seite ist als minimale Schutzeinrichtung ein Drängelgitter zu erkennen.

Hinter dem EG spitzt gerade noch das vorherige Stellwerk hervor. Ein Vergleich mit dem Vorbild …

… zeigt aber, dass das Bauwerk mit seinem verputzten Untergeschoss und dem verkleideten Stellwerksraum doch eine gänzlich andere Architektur hat. Nur das Dach hätte mit seiner Schiefereindeckung vom Stellwerk „Cölbe" bleiben können. Somit war ein vollständiger Neubau notwendig, dessen Foto uns …
Foto: Archiv Michael Meinhold

… erst kurz vor Redaktionsschluss dieser Ausgabe erreichte. Wie man sieht, ist auch dieser unscheinbare Zweckbau wieder ein Meisterwerk der Modellbaukunst geworden: Selbst kleinste Details finden sich minutiös nachgebildet wieder!

Anlagenbau nach Vorbild

Inspiration und Umsetzung

Industrie und Gewerbe als Thema einer Landschaftsanlage – in seinem neuesten Anlagen-Bauprojekt hat Wolfgang Langmesser diese beiden sich scheinbar widersprechenden Aspekte vereint. Er beschreibt ausführlich in Wort und Bild, wie er den gestalterischen Spagat umgesetzt hat. Da sind zum einen das dem Vorbild in Stromberg/Hunsrück nachempfundene Kalkwerk samt Bahnhof, eine Eisenhandlung und ein Baustoffplatz. Zum anderen galt es, Bäche und einen Fluss anzulegen, Drainagen mit Wasserdurchlässen zu bauen und ein ehemaliges Hammerwerk an einer Staustufe mit Wehr zu errichten. Ambitionierte Modellbahner, die vor dem Bau einer neuen Anlage stehen, erwartet ebenso eine Fülle von praktischen Tipps und Anleitungen aus der Werkstatt eines langjährigen Praktikers wie Einsteiger, die sich mit kleinen Projekten Schritt für Schritt ihrer Traumanlage nähern wollen.

1x1 des Anlagenbaus 2/2009
92 Seiten im DIN-A4-Format, Klammerheftung, mit mehr als 210 Fotos
Best.-Nr. 680902 · € 13,70

Foto: W. Langmesser

Gleispläne für H0, N, Z
18 Anlagenentwürfe mit CD
Best.-Nr. 680801 · € 13,70

Brückenwalder Bautipps
Best.-Nr. 680802 · € 13,70

Landschafts- und Geländebau
Best.-Nr. 680803 · € 13,70

Viel Betrieb, wenig Raum
Best.-Nr. 680804 · € 13,70

Anlagenplanung für Einsteiger
Best.-Nr. 680901 · € 13,70

Eisenbahn JOURNAL

Erhältlich beim Fachhandel oder direkt beim EJ-Bestellservice, Am Fohlenhof 9a, 82256 Fürstenfeldbruck
Tel. 0 81 41 / 5 34 81 0, Fax 0 81 41 / 5 34 81 33, bestellung@vgbahn.de

VGB [VERLAGSGRUPPE BAHN]

Immer an der Wand entlang

Text: Günther Kraml, Fotos: Günther Kraml, Gerhard Peter

Immer an der Wand entlang führt die Bahn um Erbauer und Betrachter herum. Dabei fällt es kaum auf, dass es sich bei dem Gleisplan der Spur-1-Anlage „nur" um ein Gleisoval mit Bahnhof und Schattenbahnhof handelt. Der gestaltete Bereich zieht die Blicke auf sich, sodass der Schattenbahnhof im Rücken des Betreibers nur betrieblich zur Geltung kommt.

Reger Betrieb im Bahnhof Ebermannstadt. Soeben fährt der Kurzgüterzug, gezogen von einer Köf II aus Richtung Forchheim in Gleis 3 ein, während die T 3 aus dem Lokschuppen kommend zum Wasserfassen vorzieht. Der Lokführer der 91er auf Gleis 1 wartet schon auf seinen Abfahrauftrag. Gleich wird das Signal Hp 2 anzeigen und dann geht's ab in Richtung Forchheim.

mannstadt
Heiligenstadt
Behringersmühle
H
H
3

In der Einschränkung zeigt sich der wahre Meister und schafft, was sich sehen lässt. Nicht nur dieser Aspekt bewegte Günther Kraml zum Bau der für Spur-1-Verhältnisse bescheidenen Modellbahnanlage. Mit seiner Intention, lieber eine kleine und feine Anlage zu bauen, schuf er ein beachtenswertes Kleinod. Begleiten wir den Erbauer bei einer Rundreise über seine Anlage.

Das Spielen und Beschäftigen mit den kleinen Zügen verlief bei mir genau so wie bei vielen Modelleisenbahnern meiner Generation. Wie in den 50er-Jahren üblich begann meine Modellbahnerkarriere mit einer Märklin-H0-Bahn. Nach dieser Infektion mit dem Modellbahnvirus entwickelte sich eine anhaltende Liebe zur Modelleisenbahn.

Die Zeit zwischen Ende der Lehrzeit und der Gründung einer Familie ließ dem Hobby freilich keinen Raum. Als sich der Nachwuchs einstellte, wurden jedoch die Erinnerungen an die heiß geliebte kleine Eisenbahn geweckt. Eine neu angeschaffte Modelleisenbahn wurde je nach Gusto frei auf dem Boden aufgebaut. Immer wieder neu zusammengestellt ließ sie den Kindern viel Spielraum für ihre Kreativität.

Das Zusammenstecken der Märklin-Metallgleise war für die kleinen Kinderhände doch etwas schwierig. Verbogene Laschen, daraus fehlende Kontakte oder Kurzschlüsse verhinderten nicht selten den Spielbetrieb. Der Pappi wurde dann mit Sehnsucht am Abend erwartet, um die Gleise wieder zu reparieren.

Mit dem Bau einer stationären Anlage sollte dieser Misere ein Ende bereitet werden. Der Bau scheiterte beinahe am Platzproblem und meiner Vorstellung von der Größe der Anlage. Märklin brachte zu diesem Zeitpunkt mit der Spur Z die kleinste Modelleisenbahn

der Welt auf den Markt. Damit war das Platzproblem gelöst und es wurde eine Anlage gebaut, die man unter das Bett schieben konnte. Diese war aber für die Ansprüche, die meine Kinder an eine Spielbahn stellten, nicht geeignet. Die Fahrzeuge sind zu klein und zu leicht und kippten schon beim Beladen mit einem Bonbon um. Wegen des schlechten Kontakts zwischen Rädern und Schienen kam bei den Kindern beim Spielbetrieb keine rechte Freude auf. Was tun? Diese Probleme zeigten sich auch in Spur N und so kehrte ich wieder zur H0-Bahn zurück. Das Thema wurde der zur Verfügung stehenden Fläche angepasst und die Kinder waren wieder zufrieden.

Ich begann derweil mit dem Sammeln von Modellen in der Baugröße H0 und träumte von einer großen Anlage. In der Zwischenzeit trat ich eine Stelle als Konstrukteur bei einer Modellbahnfirma an und war einen großen Teil der Zeit, in der ich dort arbeitete, als stellvertretender Konstruktionsleiter tätig. Dies waren bis zum Renteneintritt immerhin 25 Jahre lang Modellbahn pur.

So dachten jedenfalls einige Freunde und Bekannte, dass ich von nun an mein Geld mit Eisenbahnspielen verdiene. Und als dann auch einmal eine Bemerkung kam, die ähnlich lautete wie: „Du sitzt an der Quelle und kannst dir ja jeden Modellbahnwunsch erfüllen“, fiel bei mir der Groschen und ich entschied mich dafür, von nun an meine Modellbahnaktivitäten auf andere Spurweiten zu konzentrieren, als die, die mein Brötchengeber herstellte.

Beim Bau eines Eigenheims hatte ich unter anderem auch einen Hobbyraum mit 40 qm berücksichtigt. Angesichts dieses Raumangebots liebäugelte ich mit der Spur 0 und begann schließlich auch mit dem Bau der Anlage. Der Mangel an Fahrzeugen und Zubehör ließ die Anlage nur langsam wachsen und gedeihen. Manchmal vergingen mehrere Jahre von der Bestellung (mit Vorkasse) bis zur Auslieferung von Fahrzeugen. Gebäudebau war fast ausschließlich Selbstbau und auch beim Zubehör, das ja das Salz in der Suppe ausmacht, war nur ein bescheidener Markt vorhanden. So kam der Anlagenbau in den Neunzigerjahren immer wieder mangels Material ins Stocken.

Mittlerweile entdeckte ich meine Freude am Fahrzeugbau. Es entstanden einige Spur-0-Modelle im kompletten Selbstbau. Die Zeit, die ich dafür aufwendete, fehlte mir jedoch beim Bau meiner Anlage. Wegen des damaligen Mangels an Spur-0-Modellen beschloss ich schweren Herzens die Anlage abzubauen und durch eine Spur-1-Anlage zu ersetzen.

Das ist nun gut zehn Jahre her. Auch stellte ich zu der Zeit fest, dass der Raum von 40 qm zu groß ist, wenn man als Einzelkämpfer eine funktionierende und einigermaßen durchgestaltete Anlage bauen will. So wurde von mir ein Raumteiler eingebaut und die Fläche für die Modelleisenbahn auf ca. 20 qm begrenzt. „Welch ein Frevel“, wird nun mancher Modellbahner denken. Da hat einer mal genügend Platz und dann ist ihm der zu viel!

Doch meine Erkenntnis war, nicht die Baugröße, sondern die zu gestaltende Fläche ist maßgeblich für den Arbeitsaufwand. Außerdem hatte ich zu viele halbfertige größere Anlagen gesehen, an denen die Erbauer schon mehr als 25 Jahre gebaut hatten und immer noch keine Landschaft zu sehen war.

An einem sonnigen Tag rollt die T 3 mit ihrem kurzen Güterzug in Richtung Ebermannstadt. Dabei überquert sie vor der Kulisse einer großen Fabrik einen kleinen Bach. Beachtenswert ist ebenso der Zaun aus Bretterschwarten wie auch die auf dem linken Pfosten sitzende Dohle.

Der Blick ins Bw aus der Perspektive eines Bahnbediensteten offenbart neben den vielen Details auch die scheinbare Weitläufigkeit der Anlage. Der Hintergrund aus größer kopierten MZZ-Kulissen suggeriert Weite, die in Wirklichkeit nicht vorhanden ist.

Der Lokschuppen wartet mit einer kompletten Inneneinrichtung auf. Die Untersuchungsgrube ist sogar teilweise mit Brettern abgedeckt.

Die Hintergrundkulisse gibt auch dieser Szene nicht nur den passenden Rahmen, sondern auch Tiefe.

Da wird geschuftet, bis der Schweiß in Strömen fließt. Neben der mit vielen Details ausgestatteten Bekohlung beleben Figuren in unterschiedlichen Körperhaltungen die Szenen. An der Bekohlungsanlage werden noch mit Muskelkraft die Bekohlungskörbe nach oben befördert. Auch das Anschürholz für die Dampfrösser wird noch gesägt und gehackt.

Was die Jungs hinter dem Prellbock trieben ließ sich nicht eindeutig herausfinden.

Auch gewann ich oft den Eindruck, dass keine rechte Lust mehr da war. Das sollte mir nicht passieren und ich schränkte darum den Platz für eine Anlage ein.

Nach etwa zehn Jahren Bauzeit an meiner Spur-1-Anlage stelle ich fest, dass ich mit dem Erreichten mehr als zufrieden sein kann. Trotzdem bietet sie noch eine Menge Bastelarbeiten. In meiner Philosophie bezüglich der Platzbeschränkung sehe ich mich bestätigt. Und Zeit für den Selbstbau von Fahrzeugen ist auch noch geblieben.

Zur vorgestellten Anlage

Nach dem Reduzieren der Raumgröße auf 4,65 x 4 m musste nun ein Gleisplan für die Anlage gefunden werden. Außerdem hatte ich mir in den Kopf gesetzt, auch eine Werkstatt für die Fahrzeugherstellung zu integrieren. Natürlich sollte auf der fertigen Anlage auch der Spielbetrieb (modellbahnerisch heißt das ja Betrieb machen) nicht zu kurz kommen.

Der Unterbau wurde in offener Rahmenbauweise hergestellt. Im Bahnhofsbereich wurden die Tischlerplatten flächig verlegt und für die Trassen passend ausgesägt. Um den Bahnkörper darzustellen, wurden Schaummatten aus dem Aquariumzubehör verwendet.

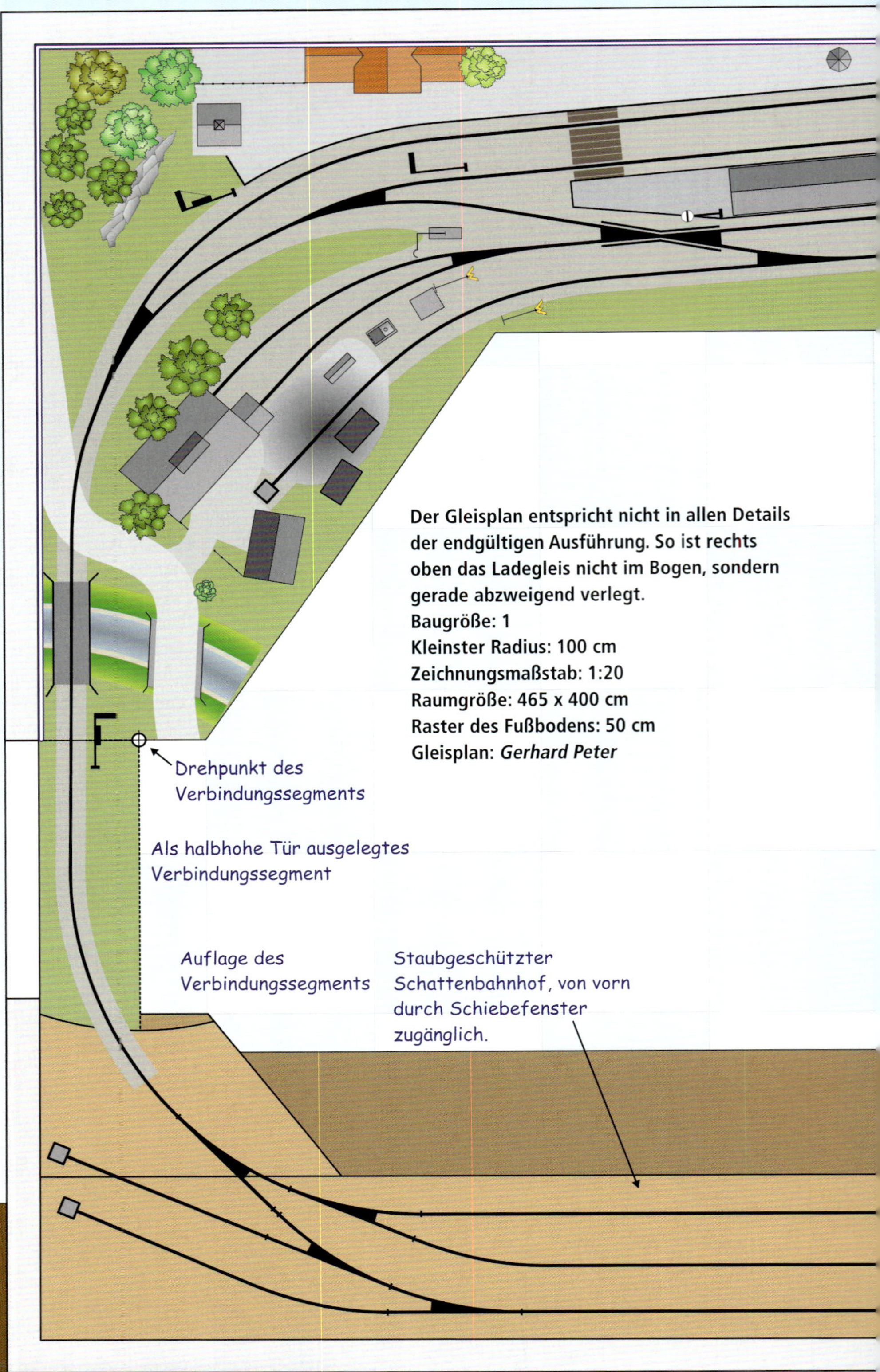

Der Gleisplan entspricht nicht in allen Details der endgültigen Ausführung. So ist rechts oben das Ladegleis nicht im Bogen, sondern gerade abzweigend verlegt.
Baugröße: 1
Kleinster Radius: 100 cm
Zeichnungsmaßstab: 1:20
Raumgröße: 465 x 400 cm
Raster des Fußbodens: 50 cm
Gleisplan: *Gerhard Peter*

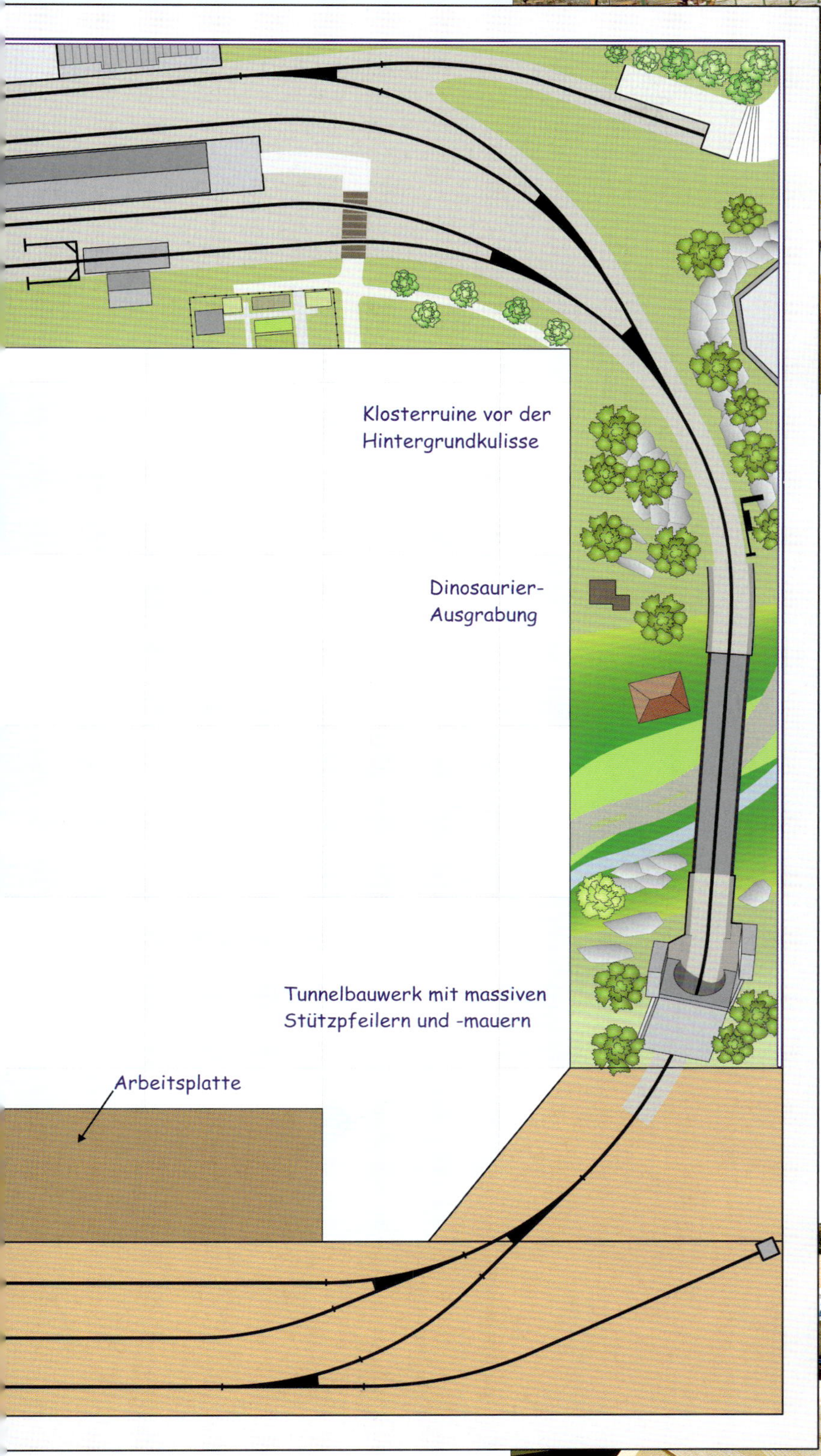

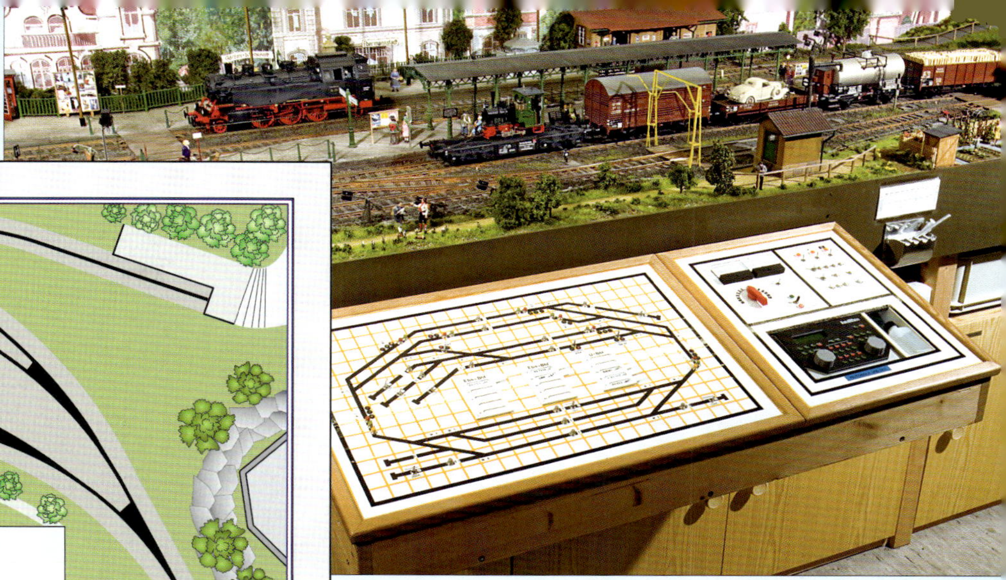

Hier sieht man das Gleisbildstellpult des kleinen Mannes, das nur mit einfachsten Tastern, Schaltern und LEDs bestückt ist.

Die drei Tafeln mit Öffnungen für Schiebestreifen erleichtern den Modellbahnbetrieb. Jedes Feld ist einem Gleis zugeordnet und auf den Schiebestreifen sind Informationen wie Baureihe und Decoder-Adresse vermerkt. So hat man immer einen Überblick, wo sich ein Fahrzeug befindet bzw. welche Adresse es hat.
In dem geöffneten Stellpult kann man die doch recht umfangreiche Verdrahtung erkennen. Es wurde sogar eine zweite Ebene erforderlich, um alle Bauteile unterzubringen.

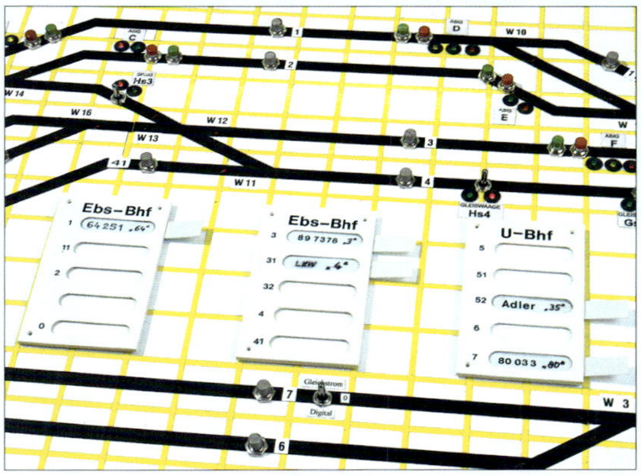

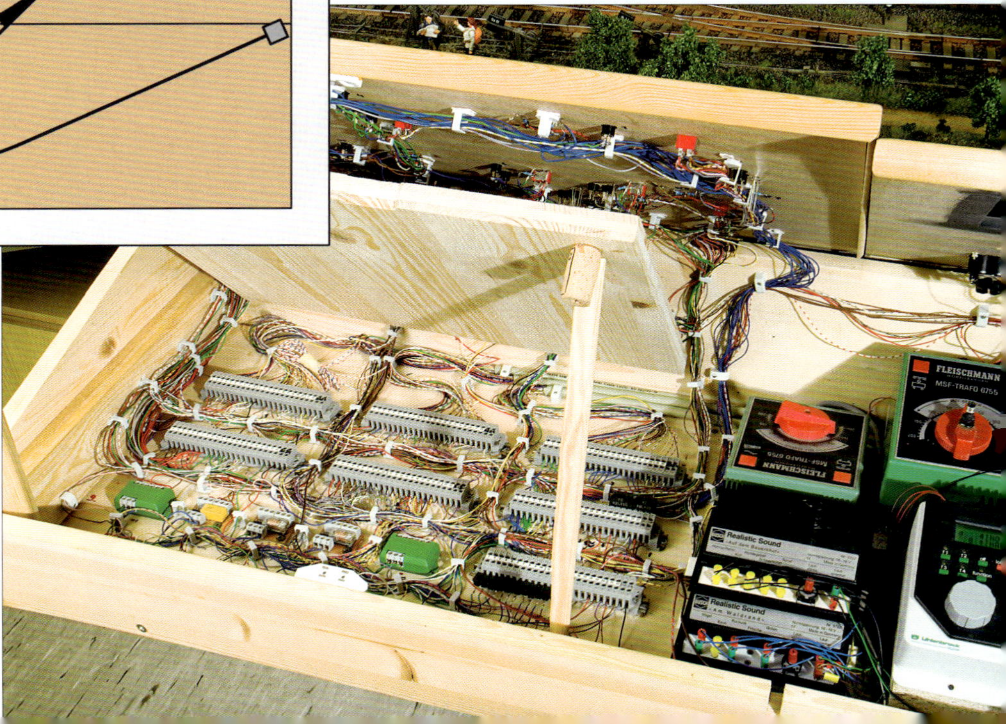

Die Matten dienen auch als Geräuschdämmung und sind zudem so stabil, dass die Gleise begehbar werden. Außerdem haben Ober- und Unterseite der Matten eine glatte Oberfläche, sodass kein Leim in das poröse Gefüge eindringen kann. Würden die Matten mit Leim durchtränkt werden, wäre die Schalldämpfung nicht mehr gewährleistet.

Auf der kompakten Spur-1-Anlage mit ihren kleinen Radien kommen hauptsächlich kurze Loks zum Einsatz. So dampft die BR 80 mit einem kurzen Personenzug aus Gr 20 und zwei Donnerbüchsen in den Bahnhof von Ebermannstadt ein. Neben der eindrucksvollen Szene empfiehlt es sich, die Details auf den Bahnsteigen in Augenschein zu nehmen.

Behringersmühle
Heiligenstad
Gleis 2
Gleis 3
H

Oben: Die 80er wartet auf ihren Abfahrauftrag, während einem Reisenden das von jedem gefürchtete Missgeschick mit dem sich öffnenden Koffer passiert.

Rechts oben: Ein kleiner Junge sucht auf dem Bauche liegend, ob er den auf dem Schild beschriebenen goldenen Schienennagel entdecken kann. Eine ältere Dame macht es sich auf dem Koffer bequem und der Pfarrer erklärt seinen Kindern die Vorzüge einer Eisenbahnfahrt.
Rechts: Wie jedes Wochenende ist der historische Adler durch das schöne Wiesenttal unterwegs.

Unten: Während die 64er über die Einfahrweichen rumpelt, vergnügt sich eine Reisegruppe im Biergarten der Bahnhofswirtschaft.

An dieser Stelle wurde
Anno 2005 am 5. Mai
zur Erinnerung an die Fertig-
stellung der Gleisanlage ein
Goldener Schienennagel
eingeschlagen.
Ebermannstad

ADLER
B

Ebermannstadt

bermannstadt

Unter der gusseisernen Bahnsteigübrdachung aus der Gründerzeit warten viele Reisende auf ihren Anschlusszug. Die Figuren von verschiedenen Herstellern aus dem In- und Ausland sind in kleinen, Geschichten erzählenden Szenen zusammengestellt und wurden zum Teil durch Bearbeitung der Körperhaltung entsprechend angepasst.

dt
Behrin ersmühle
Gleis3
eis2
H

8 Uhr 28, herrlicher Sonnenschein begleitet den soeben aus Ebermannstadt in Richtung Forchheim ausfahrenden Frühzug. Der Zugbegleiter macht sich auf dem letzten Perron stehend schnell noch ein paar Notizen. Einige Leute, die ihre Lieben zum bahnhof begleitet haben, schauen dem abfahrenden Zug nach.

Das Vorbild ist immer noch der beste Ideenlieferant. Daher beschloss ich den Gleisplan des Bahnhofs Ebermannstadt im Zustand von 1935 ins Modell umzusetzen. Ein- und Ausfahrtweichen wurden im Bogen verlegt und somit eine einigermaßen stimmige Realisierung im Kleinen erreicht. Natürlich ist die Längenausdehnung kräftig gestaucht.

Zwar orientierte ich mich am Gleisplan vom Ebermannstädter Bahnhof, jedoch ist das ganze Drumherum wie Bahnhofsgebäude, Bahnsteige, Signale, Bekohlung, Dieseltankstelle, Wasserkräne, Gleiswaage, Lademaß usw. reines Produkt meiner Fantasie. Lediglich der Lokschuppen – allerdings verkürzt – und der Güterschuppen im Halbrelief sind dem Vorbild des Ebermannstädter Bahnhofs jener Jahre nachempfunden. Auch die Gestaltung der restlichen Anlage ist selbst komponiert, aber immer so, wie es prinzipiell beim Vorbild hätte sein können.

Um nun Betrieb machen zu können, wurde gegenüber des Anlagenteils mit dem Bahnhof ein Schattenbahnhof angelegt. Dieser befindet sich mit seinen drei Gleisen hinter der Werkbank und hat noch drei kurze Abstellgleise. Er ist komplett abgedeckt und an der Vorderseite mit Plexiglasschiebetüren versehen. Bei Betriebsruhe sind hier die Züge staubsicher abgestellt und im Spielbetrieb werden durch die geöffneten Schiebetüren die Züge umrangiert oder neu zusammengestellt.

Nachdem die Anlage ja einen geschlossenen Ring bildet, muss man irgendwie in das Innere der Anlage kommen. Da mit zunehmendem Alter das Bücken schwerer fällt, wollte ich vermeiden, immer unter der Anlage durchkriechen zu müssen. Also wurde ein Segment der Anlage so gestaltet, dass man es wie eine Tür öffnen kann und somit bequem ins Innere der Anlage gelangt.

Eine weitere Vorgabe für mich war das vorbildgerechte Fahren mit Schraubenkupplungen. Durch die vorgegebene Raumgröße war es klar, dass ich mit dem 1-m-Radius auskommen musste. Vorversuche zeigten, dass dies nur mit sehr kurzen Fahrzeugen möglich war. Ein kleiner Trick brachte die Lösung. Immer am Bogenbeginn bzw. -ende wurde wenigstens eine halbe Gleislänge des größeren Parallelgleises eingebaut (vereinfachter Übergangsbogen). Und schon funktionierte es. Zugegeben, bei den Donnerbüchsen wurde auch noch der Pufferteller um 1,5 mm ver-

Vor der vorbeidampfenden T 3 präsentiert sich der liebevoll gestaltete Schrebergarten. Die Besitzerin des Gartens kommt gerade mit eingesammelten Eiern aus dem Hühnerstall.

Rechte Seite: Unterhalb der Bahnlinie stieß man auf historische Knochen, woraufhin man gezielt mit Ausgrabungen begann. Ein Professor aus der Stadt ist nun mit einigen Helfern dabei, ein komplettes Sauriergerippe auszugraben. Dieses Ereignis hat in der Umgebung für ziemliche Aufregung gesorgt.

Das Gleis 4 ist an der Nordseite mit einer Gleissperre gesichert. Man kann erkennen, dass diese voll funktionsfähig ist.

größert, um ein Überpuffern zu verhindern. Gemerkt hat das aber noch niemand. Und beim Vorbild werden ja schließlich auch unterschiedlich große Pufferteller verwendet.

Der Gleisplan erforderte auch noch eine DKW. Am Markt konnte ich keine passende finden, die harmonisch in mein Gleisbild passte und somit blieb nur der Eigenbau übrig. Die Weiche wurde aus Gleisprofilen normaler Gleise gefertigt. Auch die Kleineisen wurden von normalem Gleismaterial entfernt und auf Holzschwellen geklebt. Alle Gleise wurden dann rostbraun gestrichen und anschließend eingeschottert. Die Befestigung des Schotters erfolgte mit dem üblichen Ponal-Wasser-Gemisch. Allerdings wurde darauf geachtet, wasserlöslichen Weißleim zu verwenden, um später bei Bedarf die Gleise wieder säubern zu können. Zu guter Letzt wurden die Gleise mit Trockenfarben gealtert.

Für die Geländegestaltung setzte ich Styrodur-Platten ein, während die Felsen aus Gipsabgüssen entstanden. Hier muss man darauf achten, dass die Gipsfelsen vor der Farbbehandlung unbedingt farblos zu lackieren sind, da sonst der Gips zu sehr die Farbe aufsaugt und man kein befriedigendes Ergebnis bei der Farbgestaltung erzielt. Für die Gestaltung verwendete ich matte Acryl-Farben von Hobby-Line. Es hat sich bewährt, die Farben stark verdünnt in mehreren Durchgängen aufzubringen.

Zu einer Modellbahn gehören auch Beleuchtungen und Lampen. Diese sollten nicht zu hell strahlen, um einen realistischen Eindruck zu vermitteln. Es gelang mir zu meiner Zufriedenheit und es macht einen Riesenspaß, im abgedunkelten Raum auch einmal Nachtbetrieb zu machen.

Die elektrische Installation der Anlage erlaubt sowohl Analog- als auch Digitalbetrieb. Für den Analogbetrieb sind einige Streckenabschnitte abschaltbar. Außerdem kann man das erste Gleis im Schattenbahnhof elektrisch von der Anlage trennen und als Testgleis für alle Stromarten (Gleich-, Wechselstrom oder Digital) benutzen.

Das Schalten der Weichen und Signale erfolgte nicht digital, weil noch viel Material von der Vorgängeranlage da war. Die Installation ist so ausgeführt, dass mit einem Tastendruck immer eine Fahrstraße geschaltet wird. Die Weichen- und Signalstellungen werden dabei auf einem Gleisbildstellpult mittels LEDs angezeigt. Somit kann jeder Besucher ohne Einweisung die Anlage bedienen. Aus heutiger Sicht würde ich nicht mehr analog schalten, sondern die komplette Anlage digital betreiben. Man hat mit der Digitaltechnik doch mehr Möglichkeiten.

Für die Darstellung der Vegetation wurde alles verwendet, was gut aussieht und harmoniert. Dabei kam auch Material anderer Baugrößen zum Einsatz, sowohl Kunststoff- wie auch Naturprodukte.

Für die Ausgestaltung der Anlage mit Kleinteilen gibt es inzwischen ein sehr großes Angebot. Auch bei Militärmodellen im Maßstab 1:35 findet man viele zivile Sachen für die Ausschmückung der Anlage. Wichtig war für mich bei der Gestaltung von Szenen, dass ich mir für jede Figur und jedes Detail eine kleine Geschichte ausdachte. So wirkt alles stimmig und nicht einfach aufgestellt.

Für die Hintergrundgestaltung wurden die Hintergrundkulissen von MZZ ausgewählt. Diese sind zwar für die Baugrößen H0, TT und N gedacht, erlauben jedoch die Darstellung weiter entfernter Objekte auch in der Originalgröße. Der wesentliche Teil der Kulissen entstand durch Vergrößern einzelner Ausschnitte mittels Farbkopierer. Exakt ausgeschnitten und wie Theaterkulissen schichtweise aufeinandergeklebt, erzielen sie eine gewisse Tiefenwirkung. Mit dieser Methode sind je nach Szenerie bis zu sieben Motive mit Tapetenkleister übereinandergeklebt worden. Man braucht allerdings zur Herstellung der Vergrößerungen einen

Nun hat sich der Abend über Ebermannstadt gesenkt, aber der Bahnhof hat nichts von seiner Betriebsamkeit eingebüßt. Im Lokschuppen wird noch gearbeitet und der Schienen-Lkw für einen Spezialeinsatz vorbereitet (links).
Rechts oben: Auf den Bahnsteigen warten Reisende auf ihre Anschlusszüge, die sie am Ende eines arbeitsreichen Tages wieder nach Hause bringen sollen.
Großes Bild: Gemächlich fährt der Abendzug nach Forchheim aus.

Ebermannstadt

Ebermannstadt
Heiligenstadt

Der Maler am Anschlussgeländer lässt sich von dem hinter ihm vorbeifahrenden Güterzug nicht ablenken.
Rechte Seite: Im Eber-Tunnel hat sich ein Streckengeher noch nicht aus der Ausweichnische getraut.
Auf dem unteren Bild sieht man, wie ein weiterer Streckengeher dem herannahenden Zug Platz macht.
Unter der Brücke ist die Heuernte im vollen Gange. Der Heuschober ist in seiner offenen Bauweise eine Erinnerung an einen Urlaub in Kärnten.

Farblaserdrucker oder geht in eine Lohnkopiererei. Mit dem normalen Tintenstrahldrucker hergestellte Kopien werden durch den Kleister verwischt.

Das fahrende Material besteht zum größten Teil aus abgeändertem Industriematerial von Märklin, Hübner und Kiss. Selbstgebaute Loks und Wagen sind gleichfalls mit von der Partie.

Die Vorstellung meiner Anlage soll all jenen Mut machen, die bisher glaubten, aus Platzmangel keine stationäre Anlage aufbauen zu können. Und auf das allgemeine Argument gegen den zu kleinen Radius der Gleise kann ich nur

sagen: „Selbst ein 2,5-m-Radius in Baugröße 1 ist gegenüber dem Vorbild viel zu klein. Würde doch erst ein Radius von 6 m für eine Nebenbahn realistisch, ganz zu schweigen von 10 m Radius bei einer Hauptstrecke. Durch geschickte Themenwahl der Anlage, Wegtarnen der Radien und Beherzigen des Grundsatzes, innerhalb des Radius als Betrachter zu stehen, erreicht man ein befriedigendes Ergebnis. Dies gilt sinngemäß für alle Baugrößen und man kann mit diesen Gedanken auch auf relativ kleiner Fläche sein Modellbahnhobby zufriedenstellend ausleben und betreiben.

An einem sonnigen Sommertag überquert ein GmP die ungesicherte Straße unter Pfeifen und Bimmeln mit vorschriftsmäßigen 10 km/h. Anschließend noch der Bach überquert, an dem Hans so gerne angelt. Entweder hat ihm die Hitze oder der köstliche Gerstensaft vom Schwanen-Bräu zugesetzt – oder beides? Jedenfalls schläft er den Schlaf der Gerechten …

Weit mehr als 10000 Zuschauer:

Modell Bahn TV

- Profi-Tipps
- Tolle Anlagen
- Neuheiten
- Blicke hinter die Kulissen
- Technik
- Digital
- Modellbahn-Werkstatt u.v.m.

Laufzeit je ca. 50 Minuten

Super-Testpreis: **Modellbahn TV** 1 + 2 (2 DVD) nur € 19,80 (Best.-Nr. 4503)

Eisenbahn Romantik

NEU! Soeben erschienen:

Ausgabe 7 – die Themen:
Loklegende Krokodil E 94/1020 im Modell & Vorbild • Traumanlagen: Schlüchtern und die Nord-Süd-Strecke, Schmalspur Rittersgrün • Märklin-Mega-Event Berlin • Technomodell • Besuch bei Brawa: Von Krise keine Spur • Sächsische IK Modell & Vorbild • Neuheiten von Roco, Fleischmann, Trix, Noch etc.

Best.-Nr. 7506 nur 14,80 €

RIOGRANDE Dampf • Reise • Abenteuer FILM-EXPRESS

Noch erhältlich:

Ausgabe 1 – die Themen:
Super-Modellbahn MO 187 Bad Driburg • Märklin-Sammler Japan • Gips-Werkstatt • Modellbahn & Schule • Digital mit dem Märklin-Turmtriebwagen • E 50-Tuning • Besuch bei NOCH

Best.-Nr. 7501 nur 10,- €

Ausgabe 2 – die Themen:
Schweizer Alpen im MiWuLa • Fleischmann-95 • Besuch bei Auhagen • Felsgestaltung • Mobaclub Meißen • Traummodellbahnen auf der Intermodellbau • Märklin-Bahn in den Anden

Best.-Nr. 7502 nur 14,80 €

Ausgabe 3 – die Themen:
Test: Märklin-64 • Klein aber oho: BEMO • Traumanlagen: Albula-Gebirgsbahn/DR-Großanlage Zittau • Modellwelt Oberhausen, Modellbauteam Köln • Werkstatt: Kerbers Meisterwerke

Best.-Nr. 7503 nur 14,80 €

Ausgabe 4 – die Themen:
Top-Modell: Roco-Taurus 1216 • Zu Gast bei Roco • Traumanlagen: Mosel- und Rheinstrecke • Märklin Central Station II • Perfekte Wintergestaltung • Große Märklin-Ausstellung

Best.-Nr. 7504 nur 14,80 €

Ausgabe 5 – die Themen:
Digital: Roco/Fleischmann, Portalkran von Uhlenbrock • Märklins Zukunft? • Traumanlagen: Schiefe Ebene und Erzbahn in H0 • Neuheiten • 60 Jahre Sommerfeldt • Wellblechhäuschen

Best.-Nr. 7505 nur 14,80 €

Ausgabe 6 – die Themen:
Super-Power-Ludmilla • Traumanlagen: Schweizer Gebirgsbahn, Modellbahnwelt Oberhausen, Amerika in Köln • N-Bahnfreunde Aachen • Fahrleitungsmontage • Gützold • Neuheiten

Best.-Nr. 7506 nur 14,80 €

Die schönsten ER-Modellbahn-Filme:

Märklin Fabrik der Träume
55 Minuten
Best.-Nr. 6409
22,95 €

Big Boy Country in H0
55 Minuten
Best.-Nr. 6421
22,95 €

Traumanlage Miniatur Wunderland
200 Minuten
Best.-Nr. 6424
22,95 €

Bestellen Sie noch heute bei:
RioGrande-Video/VGB-Bestellservice • Am Fohlenhof 9a, D-82256 Fürstenfeldbruck
Tel. 08141/5348136 • Fax 08141/5348133 • E-Mail bestellung@vgbahn.de
www.modellbahn-tv.de • www.riogrande.de • www.vgbahn.de

- Versandkostenpauschale Inland € 3,-, EU-Ausland und Schweiz € 5,-, übriges Ausland € 9,-, versandkostenfreie Lieferung im Inland ab € 40,- Bestellwert.
- Umtausch von Videos, DVDs und CD-ROMs nur originalverschweißt.
- Bei Bankeinzug gibt's 3% Skonto.
- Es gelten unsere allgemeinen Geschäftsbedingungen.

Eisenbahn am grossen Fluss

Text: Stefan Westernacher Fotos: Bruno Kaiser

Das Zentrum der raumfüllenden N-Anlage ist eine mittelalterliche Stadt mit Mauerring und Türmen. Zu ihren Füßen erstrecken sich die zugehörigen Bahnanlagen – nicht allzu ausgedehnt, aber genügend Fahrmöglichkeiten bietend. Die Einbettung in die Landschaft ist bestens gelungen.

Szene am Bahnübergang; die Straßenzufahrt zur Kleinstadt führt durch diesen romantischen Torturm. Im Hintergrund sind zwei Burgen zu sehen, die eine davon jenseits des Bedienungsganges in der Ecke des Raumes.

In einen rund 20 Quadratmeter großen Kellerraum wurde diese N-Anlage hineingeplant und -gebaut. Die Stärken der Baugröße sollten genutzt, die Schwächen vermieden werden. Stärken, das sind weiträumige Gestaltungsmöglichkeiten bei gleichzeitiger Detailtreue; zu den Schwächen gehört eine gewisse Rangier-Unlust, die sich aus Stromaufnahmeproblemen ergeben kann.

Seit nunmehr 25 Jahren hält mich das Thema Modelleisenbahn gefangen. Die erste Anlage entstand in Zusammenarbeit mit meinem Vater, wobei ich als Schüler die damals noch nicht direkt ersichtlichen Vorteile dieses Hobbys genießen durfte: Einführung in Elektrik und Holzbearbeitung, das Erlernen von Planungsgrundsätzen, räumlichem Vorstellungsvermögen und dreidimensionalem Denken, systematisches Abarbeiten von Projekten und, und, und ...

Natürlich waren mir als pubertierendem Teenager diese Dinge noch nicht wirklich bewusst, aber im Nachhinein bin ich meinem Vater dankbar für sein Bestreben, mir diese Kenntnisse zu vermitteln. Wenn meine beiden Kinder in das passende Alter kommen, werde ich versuchen, dies zu wiederholen.

Über- und Unterirdisches in N

Seit den ersten Tagen bin ich der Baugröße N treu geblieben. Meines Erachtens lässt sich in kaum einer anderen Baugröße eine Weitläufigkeit auf kleinem Raum so gut mit noch vertretbarer Detailtreue kombinieren. Diese Überzeugung hat sich über die Jahre bei mir weiter gefestigt, umso mehr, da insbesondere die Fahrzeuge der Spur N in den letzten 20 Jahren in Bezug auf Detaillierung, Bedruckung und Antrieb große Fortschritte gemacht haben und sich heute hinter den „Brüdern und Schwestern“ größerer Spurweiten nicht verstecken müssen.

Die hier vorgestellte Anlage ist die achte N-Anlage, die meinen Stempel trägt. Leider sind die früheren Anlagen nie ganz fertig geworden – die übliche Modellbahnerkrankheit –, da mehrere Umzüge jedes Mal zu einem Neubau geführt haben. Aber dadurch hat sich ein ziemlich umfangreicher Fundus an Fahrzeug-, Gleis- und Häusermaterial angesammelt. Da meine Frau sehr gewissenhaft beim Packen ist, hat sich die Aussage „dreimal umgezogen entspricht einmal abgebrannt“ zum Glück nicht bewahrheitet.

Bei dieser achten Anlage habe ich versucht, meine Erkenntnisse aus den sieben Vorläufern zu berücksichtigen, auf gut Deutsch: Nicht dieselben Fehler wieder zu machen, als da wären: Zu viele Gleise auf zu kleinem Raum, zu enge Radien in sichtbaren Bereichen, zu starke Steigungen, Abstellgleise, die keiner benutzt ...

Bahnübergang mit eingleisiger elektrifizierter Strecke und einem Stück der Stadtmauer
Rechts eine reizvolle Drei-Brücken-Ansicht im realistisch gestalteten Flusstal

Ich habe bei den Vorgängeranlagen festgestellt, dass viele Industriegleise bzw. ein Bahnbetriebswerk in Spur N nicht zwangsläufig Rangierlust, sondern eher Rangierfrust erzeugen. Die kleinen Maschinen haben oft nicht genug Gewicht bzw. sind selten so motorisiert (Schwungmasse), um über eine Schwachstelle hinwegzukommen. Ein Hängenbleiben mit der Notwendigkeit manueller Eingriffe ist die häufige Konsequenz, weshalb die Lust, überhaupt zu rangieren, spürbar nachlässt, die Gleise durch Nichtbenutzung noch mehr verschmutzen und beim nächsten Mal der Frust nur noch größer ist – ein Teufelskreis.

Die Anlage

Die Anlage ist in einem beheizten Kellerraum untergebracht. Die Grundfläche entspricht mit 5 x 4 m der des Raumes. Es sind zwei Gänge mit jeweils 0,60 m Breite eingezogen, zu denen man mittels „Durchtauchen“ von der Eingangstür aus gelangt.

In einem Gang ist die Anlagensteuerung inklusive Stellpult untergebracht, im anderen ein Besuchertrafo, der spielfreudigen Gästen eine Möglichkeit zur Teilhabe am Vergnügen gibt. Da ich mir zwar in elektrischen Dingen ganz gut zu helfen weiß, aber in der Elektronik nicht so sehr bewandert bin, hat das Digitalzeitalter bei mir noch nicht Einzug gehalten, zumal das Umrüsten sicher ein kleines Vermögen verschlänge.

Das Anlagenthema ist frei gewählt und hat keinen Vorbildbezug. Landschaftliche Darstellungen dominieren die Szenerie. Im Wesentlichen entspricht der Charakter dem Übergang von einer mittelgebirgsähnlichen Hügellandschaft hin zu einem Hochgebirge.

Der Gleisplan

Aufgrund der vorhergehenden Aussagen zum Thema Rangieren habe ich auf Industrieanschlüsse und -darstellungen ebenso wie auf ein Bahnbetriebswerk komplett verzichtet. Auch habe ich keinen großen Bahnhof dargestellt, sondern mich auf zwei Nebenbahnhöfe mit wenigen Abstellgleisen konzentriert.

Grundsätzlich gibt es eine doppelgleisige Hauptstrecke, die den Raum einmal umläuft und im verdeckten Bereich zu einem insgesamt neungleisi-

Das Empfangsgebäude des Kleinstadtbahnhofs passt stilistisch hervorragend zu den teils jahrhundertealten Häusern. Der etwas verwinkelte Fachwerkbau mit reichverziertem Erker und gedecktem Balkon erinnert ein wenig an Neuffen ...

Die kleine Lokstation im Bild unten verfügt über einen einständigen Lokschuppen, Kohlenbansen und Wasserturm.

gen Schattenbahnhof führt. Die Hauptstrecke verläuft nur auf einer Ebene. Ich wollte Steigungen vermeiden, um auch vorbildgerecht lange Züge genießen zu können, ohne mich über zu schwache Loks an zu steilen Rampen ärgern zu müssen.

Zusätzlich gibt es eine verschlungene Nebenbahn im Mittelteil der Anlage, welche mit einigem Auf und Ab Verbindung zur Hauptstrecke hat, aber einen eigenen Fahrkreis bildet. Im Bereich der Verbindung zur Hauptstrecke ist ein viergleisiger Zugspeicher untergebracht, teils im verdeckten, teils im sichtbaren Bereich. Zusammen mit den vorbeilaufenden Hauptgleisen ergibt sich an der mehrspurigen Tunneleinfahrt somit der Eindruck eines großstädtischen Bahnhofsvorfeldes, oberhalb dessen mit einigen Straßenzügen eine größere Stadt angedeutet ist. In einem anderen Anlagenabschnitt liegt ein Nebenbahn-Bahnhof in unmittelbarer Kleinstadtnähe. Ferner befindet sich unterhalb der Hauptstrecke ein weiterer Schattenbahnhof mit insgesamt 16 Abstellmöglichkeiten.

Vom Nebenbahn-Bahnhof gelangt man über einen Abzweig und eine

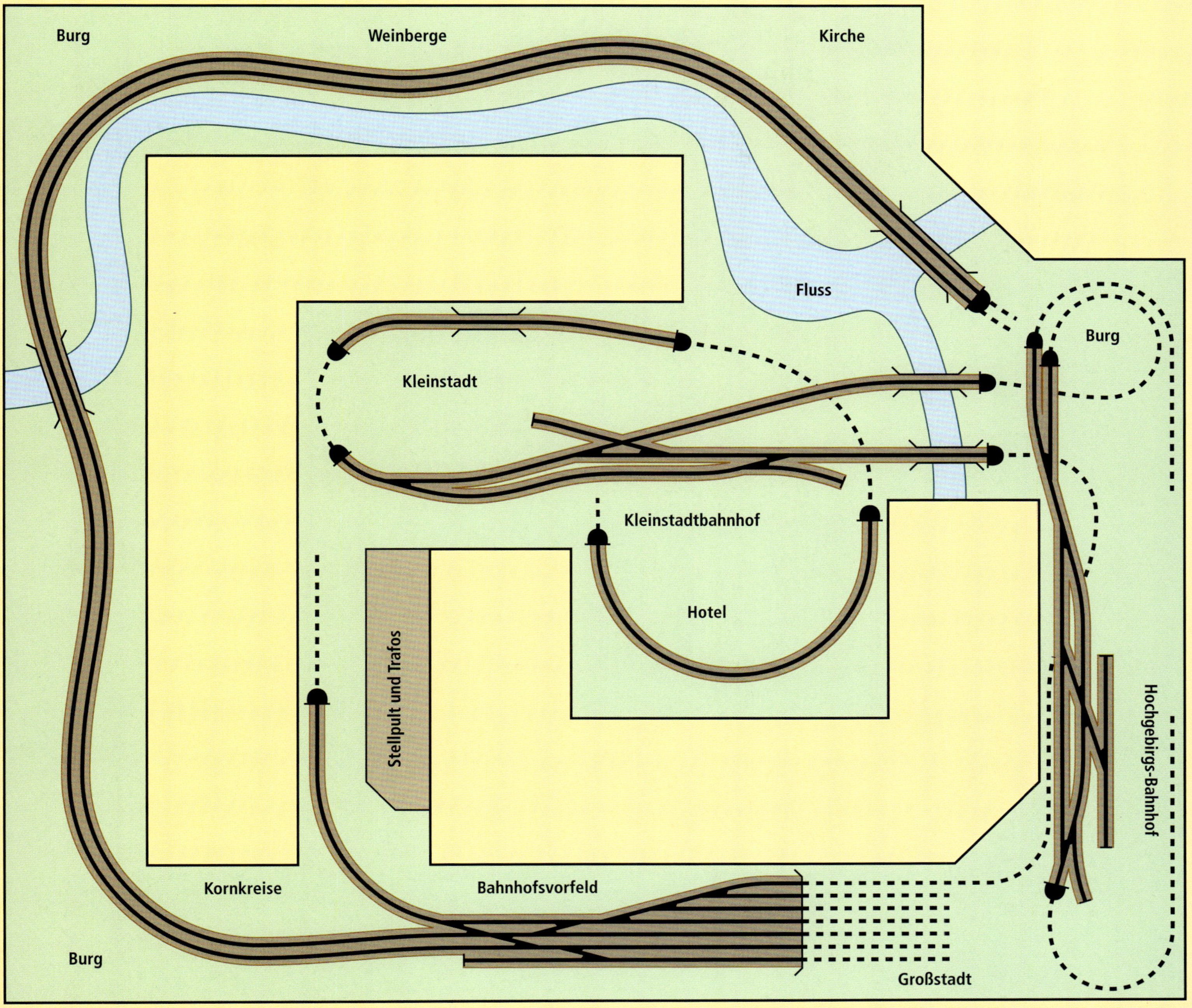

Gleisplan der 4,96 x 4,09 m großen Anlage; der Kellerraum ist bis auf zwei 60 cm breite Bedienungsgänge vollkommen ausgenutzt. Die doppelgleisige Hauptstrecke führt einmal außen herum, sie hat keinerlei Steigungen. Die eingleisigen Strecken konzentrieren sich auf die Mitte (Kleinstadtbahnhof) und den rechten Schenkel mit dem Gebirgsbahnhof, sie haben jeweils Verbindung mit dem Schattenbahnhof und dem mit einem Gleisvorfeld angedeuteten Großstadtbahnhof (unten).

Baugröße: N
Zeichnungsmaßstab 1:24
Raumgröße: 4,96 x 4,09 m

Zeichnung: lk, nach Angaben des Verfassers

Gleiswendel in den Hochgebirgsteil. Dort ist ebenfalls ein eigener Kreis verlegt mit einem zweiten Bahnhof. Verdeckt von Felswänden liegt ein weiterer dreigleisiger Zugspeicher. Die Hochgebirgsbahn befindet sich oberhalb des Schattenbahnhofs der Hauptstrecke, sodass sich folgende Höheneinteilungen ergeben: Großer Nebenbahnschattenbahnhof auf Ebene 0, Hauptstrecke plus Nebenbahn-Bahnhof auf +20 cm, Hochgebirgsbahnhof plus Schattenbahnhof auf +40 cm.

Betrieb

Der Verlauf der Hauptstrecke im Kreis auf einer Ebene mag sich alles andere als spannend anhören, aber der Verzicht auf Steigungen sichert mir einen sehr ruhigen, zuverlässigen Zugverkehr mit langen und vorbildgerechten Zügen. Ich kann entspannt neben der Anlage sitzen und vorbeifahrende Züge genießen, ohne permanent am Fahrregler drehen zu müssen und ohne dass ich mir über an Steigungen versagende Loks Gedanken machen muss. So hat jeder seine Prioritäten.

Die Nebenbahn erfüllt zwei Funktio-

Auf dem Mittelteil ist wesentlich mehr Platz als nur für die Altstadt. Mindestens ebenso viel Raum nimmt hier eine landschaftlich gestaltete Fläche ein, die von der eingleisigen Strecke in großem Halbkreis umrundet wird. Das eingeklinkte Bild links zeigt die Villa, die auch im Bild oben zu sehen ist.

Werfen wir noch einen Blick auf die Altstadt: Die leicht unregelmäßig angeordneten Häuser scheinen der Wirklichkeit abgeschaut.
Rechts ein Überblick auf das Bahngelände der Kleinstadt, das Empfangsgebäude wurde in Insellage errichtet.
Unten der Altstadtbach mit Wasserfall

nen: Zum einen die, als eigenständiger Kreis einen von der Hauptstrecke unabhängigen Zugverkehr abzubilden, zum anderen, als Zubringer vom großen Schattenbahnhof zur Hauptstrecke und zum Hochgebirgsabschnitt zu fungieren, die im Wesentlichen einen kleinen Nebenbahn-Bahnhof mit Lokstation und Verladegleis beherbergt.

Da ich alles andere als ein Nietenzähler bin, findet man auf der Anlage ein Epochengemisch an rollendem Material, wobei ich bemüht bin, zumindest epochenreine Züge zusammenzustellen. Über die Jahre hat sich ein umfangreicher Fuhrpark gebildet, sodass nun Fabrikate der unterschiedlichsten Hersteller auf meinen Gleisen unterwegs sind.

Aus der Sicht eines Reisenden

Ein Zugreisender würde eine Fahrt entlang der Hauptstrecke wie folgt erleben: Nachdem der Zug das Bahnhofsvorfeld vor der breiten, mehrgleisigen Tunnelausfahrt verlassen hat, geht es durch eine landschaftliche Szenerie mit auslaufender, städtischer Besiedelung, vorbei an Gewächshäusern, Feldern und einer Burg bis hin zu einem diesen Anlagenabschnitt dominierenden, gemauerten Bahndamm am Waldrand.

Hinter dem Wald überquert der Zug den Fluss, um diesem dann, an einer weiteren hochgelegenen Burg und einer Burgruine vorbei, durch eine Rhein-Mosel-ähnliche Weinbergslandschaft zu folgen. Über eine weitere Brücke unterhalb einer Kirche mit Friedhof hinweg geht es dann durch einen Tunnel mit anschließendem Schattenbahnhof wieder zum Ausgangspunkt unterhalb der Großstadt zurück.

Ein der Nebenstrecke folgender Zug verlässt besagtes Bahnhofsvorfeld im Bereich der vorstädtischen Besiedelung und zweigt mit Gefälle nach rechts auf den Mittelteil der Anlage ab, wo er schnell einen Tunnel mit langem Gefälle unterhalb der Kleinstadt erreicht. Unterirdisch geht es weiter, hinab auf die tieferliegende Ebene und zum dort liegenden großen Schattenbahnhof. Dieser befindet sich unterhalb des Bahnhofsvorfeldes der Hauptstrecke.

Nach dem Schattenbahnhof unterquert er das Stellpult im Mittelteil und erreicht das Tageslicht in einem sichtbaren Streckenabschnitt mit einem Hotel und einer kleinen Fischzucht. Nach einem kurzen Tunnel geht die Fahrt vorbei an einem steilwandigen Wasser-

Neuffen

fall unterhalb der Kleinstadt, wo der Zug kurz im Berg verschwindet, um dann den beschaulichen Bahnhof vor den Stadttoren zu erreichen. Über einen Fluss führt die Nebenstrecke zurück zum Schattenbahnhof vor dem Bahnhofsvorfeld.

Die Hochgebirgsbahn wird über einen Abzweig vom Kleinstadtbahnhof erreicht. Dabei durchfährt der Zug eine verdeckt liegende Gleiswendel, die im Hochgebirge zutage kommt und in einen weiteren kleinen Bahnof mit Verladestation mündet. Dieser Streckenabschnitt mit einem dritten, verdeckten Schattenbahnhof hinter den Felswänden bildet einen geschlossenen Fahrkreis.

Anlagen- und Gleisbau

Die Anlage ruht auf einem Gerüst mit offener Rahmenbauweise. Die Anlagenkante liegt in 1,10 m Höhe. Dies erleichtert den Blick auf Augenhöhe. Aufgrund der analogen Fahrweise sind mehrere hundert Meter an Kabeln unter der Anlage verlegt, die alle auf einer großen Schalttafel zusammenlaufen. Von dort führt die Verkabelung zum zentralen Stellpult, von dem aus alle Relais, Weichen und Signalstrecken angesteuert werden können.

Das Stellpult der Firma Trix ist aus den 80er-Jahren. Leider hat dieses System nie große Verbreitung gefunden. Es war ideal für meine Lebensumstände, da es durch das Baukastensystem nach jedem Umzug in einer neuen Anlage ohne Probleme wieder zusammengefügt werden konnte. Einzig die Steckverbindungen sind nicht optimal gelöst, da sie gegen Berührung bzw. Bewegung sehr empfindlich sind.

Die Gleise sind von Minitrix und Roco. Die Weichenantriebe wurden unterflur verlegt, sodass keine Schaltkästen den optischen Eindruck stören. Auf automatische Entkuppler habe ich verzichtet und versucht, die Signale, Beschilderungen, Grenzzeichen und Kabelkanäle einigermaßen vorbildgerecht einzusetzen. An den Signalen finden sich Imitationen von Indusi-Magneten. Allerdings sind diese Details in Spur N schon sehr klein und leicht zu übersehen. Die Oberleitung ist funktionslos und nur im sichtbaren Bereich verlegt. Die Pantographen berühren im Normalfall nicht die Oberleitung. Meine früheren Erfahrungen mit Oberleitungen haben gezeigt, dass ein echter Oberleitungsbetrieb das Potential hat, beim Betreiber einen Nervenzusammenbruch zu erzeugen, da in der kleinen Spur die Ausrichtung des Fahrdrahts bei gleichzeitiger Kontaktsicherheit und Vermeidung von Verhakelungen fast eine Sache der Unmöglichkeit ist. Nichtsdestotrotz habe ich versucht, Abspannstrecken mit den dazugehörigen Festpunkten für die Tragseile vorbildgerecht darzustellen.

Die Straßen dieser großen Stadt liegen auf dem hinteren Anlagenschenkel. Rechts die Bahnhofsausfahrt des Großstadtbahnhofs

Landschaftsbau

Da die Landschaft eine industriefeindliche Umgebung wiedergibt und sehr auf Harmonie und Ästhetik Wert legt, habe ich meine Frau dazu gewonnen, beim Geländebau mitzuhelfen. Sie war an einigen Stellen sogar die Hauptgestalterin und hat einige sehr nützliche Techniken für die Fels- und Landschaftsgestaltung entwickelt.

Die Grundstruktur besteht aus Polystyrol- bzw. Polyurethanschaum, welcher in Form geschnitten wurde. Felsstrukturen lassen sich aus Hartschaumplatten sehr schön modellieren, indem mit einem Messer kleine Fragmente herausgebrochen werden. In der Folge werden die Strukturen erst schwarz deckend, dann mit drei verschiedenen Brauntönen immer heller werdend behandelt, wobei am Ende mit der hellsten Farbe, welche fast trocken auf die hervorstehenden Strukturen aufgetupft wird, eine überzeugende Felsstruktur entsteht.

Die Flächen wurden mit einer fein pürierten Masse aus Tapetenkleister, Papierschnipseln, feinem Sägemehl, grüner Farbe und etwas Weißleim bestrichen. Das spart im Gegensatz zu Gips Gewicht und führt bei Nacharbeiten nicht zu Gipsstaub auf Gleisen und Grünanlagen. Bäume und Büsche lassen sich durch Einstechen kleiner Löcher einfach und bequem einsetzen.

Für die Begrünung wurden handels-

Recht beeindruckend ist der Großstadtbahnhof, er hat zahlreiche parallele Gleise aufzuweisen. Die Zufahrtsgleise aus der einen Richtung sind von der Stadt überbaut.
Baustelle an der linken Bahnhofseinfahrt des Großstadtbahnhofs
Die „außerirdischen" Getreidekreise ziehen bereits Kreise: Die Polizei nimmt das Geschehen auf.

Der Fotograf hat eine S 3/6 (18.5) mit einem Reisezug in der Bahnhofsausfahrt „erwischt", im Hintergrund das Bahnhofshotel.
Die damals hochmoderne V 200 mit dem Blauen Enzian (ehemalige Henschel-Wegmann-Garnitur) befindet sich hier kurz vor der rechten Bahnhofseinfahrt.

Wir wechseln auf die linke Anlagenzunge: Elektrotriebwagen im Gebirgsbahnhof.
Rechts oben ist auch ein bisschen von der Umgebung dieses Bahnhofs zu sehen.
Rechts unten die kleine Lokstation und der Überladekran
Ein interessanter (wenn auch für den Fotografen gefährlicher!) Fotostandpunkt

übliche feine und gröbere Flocken verwendet, wobei die Flocken nicht gemischt, sondern ineinandergestreut wurden. Grundlage war aber immer eine sehr feine Beflockung in einem Ockerton. Meines Erachtens entsteht dadurch ein realistischer Eindruck. Die Büsche sind von gängigen Herstellern; die Bäume entstanden zum Teil auch im Selbstbau. Aus kleingeschnittenem Heckenmaterial wurden die Weinreben gefertigt, die mit Nägeln fixiert sind. Das Hopfenfeld hat meine Frau in mühevoller Kleinarbeit erstellt, ebenso wie eines der Getreidefelder, welches aus Borsten einer Bürste nachgebildet wurde. Dabei war festzustellen, dass man in einem Haushaltwarengeschäft seltsame Blicke erntet, wenn man Bürsten nicht nach der Härte der Borsten, sondern nach deren Farbe auswählt ...

Es wurden zwei Siedlungen aufgebaut, zum einen der beschriebene Ausschnitt einer Großstadt oberhalb der Hauptstrecke, zum anderen die mittelalterliche Kleinstadt mit umlaufender Stadtmauer im Mittelteil der Anlage. Beide Städte sind noch nicht durchgestaltet, aber die Häuserpositionen sind schon fixiert. In der Kleinstadt entspringt eine Quelle, die über einen Was-

Carl Balke

Zur Orientierung: Hier befinden wir uns am vorderen Anlagenrand. Die Flussschleife mitsamt den verschiedenen Bahnstrecken wirkt recht malerisch! Im Hintergrund rechts die Wallfahrtskirche.

Im Weinbaugebiet entstand diese Aufnahme; der Dreiklang Fluss – Bahnstrecke – Hang macht sich auch im Modell ausgezeichnet.

Am Anlagenrand sind auch Einblicke in die „Unterwelt" möglich: Hier sieht man Mönche in der Gruft unter ihrer Kirche.

Zugbegegnung auf der Brücke im Eingangsbereich: Die 18.5 mit ihrer zusammengewürfelten Zuggarnitur begegnet einem elektrisch geförderten Güterzug.

serfall in einem Fluss endet. Der Fluss besteht, wie die anderen Gewässer auch, aus Fenstermalfarbe. Der Flussgrund wurde farblich vorgestaltet und mit besagter Fenstermalfarbe – zumeist farblos, aber auch in Grün/Oliv-Farbtönen – wellenförmig bestrichen, um die Wasserbewegung nachzubilden.

Kleine Geschichten

In Spur N ist es eine kleine Herausforderung, einen überzeugenden, hohen Detaillierungsgrad abzubilden, aber zumindest versuche ich immer, die Szenen mit einem Augenzwinkern und einer Portion Humor abzubilden. Inzwischen kann man mehrere kleine Situationen des täglichen Lebens auf der Anlage entdecken:

Im Mittelteil befindet sich eine kleine Fischzucht. Ein Mann füllt Wasser in die Karpfenweiher nach, Opa sitzt auf dem Donnerbalken und der Sohn angelt in Seelenruhe die wertvollen Fische.

Unterhalb der Hauptstrecke wurde ein Getreidefeld mit den berühmten Kornkreisen ruiniert. Dies treibt den Bauern in Rage, die Polizei steht relativ unbeeindruckt daneben und nimmt ein Protokoll auf. Für die Kühe auf der benachbarten Weide ist es allerdings das spannendste Ereignis seit Tagen, weshalb sie alle aus Neugier möglichst nahe herankommen. Wendet man den Blick zum oberen Ende der benachbarten Felswand, findet man die Verursacher der Kornkreise: Mehrere Jugendliche amüsieren sich köstlich über den Auflauf auf dem Feld – neben ihnen steht beweiskräftig ein Karren mit Latten.

In einem kleinen Wirtshaus mit Biergarten am Rande des Waldes herrscht reger Betrieb, zumal eine Musikkapelle aufspielt. Auch die Nonnen scheinen das Lokal zu genießen. Unterhalb der Weinberge findet gerade ein Weinfest statt, dessen Folgen man auf der vorbeiführenden Hauptstraße beobachten kann: Mehrere angeheiterte Gäste blockieren mit einem Fass den Verkehr und sind auch durch den Kellner nicht mehr zu halten. Die Autofahrer – allen voran eine junge Dame mit ihrer Ente – werden mit einbezogen.

An der Wallfahrtskirche findet ein ökumenisches Begräbnis statt, wobei die zwei Friedhofsmitarbeiter zusammen mit einem Geistlichen einen Gesang anstimmen. Die Trauergemeinde ist allerdings sehr klein.

Unterwelten

Bei einem Besuch des Miwulas in Hamburg haben mir besonders gut die Szenen aus der „Unterwelt“ gefallen. Ich wollte versuchen, Ähnliches auch auf meiner Anlage zu verwirklichen. Dabei entstanden mehrere unterirdische Szenen.

Unterhalb der schon erwähnten Wallfahrtskirche befindet sich eine Gruft, in der sich gerade eine Gruppe von Mönchen zum Gebet sammelt. Unter der Kleinstadt ist ein Bergwerksstollen nachgebildet. Unterhalb der Burg in besagter Stadt ist eine Besuchergruppe im alten Geheimgang zwischen der Burg und einem Stadthaus unterwegs, in dessen Keller der Gang endet. Des weiteren ist die Nachbildung einer Tiefgaragenebene zu erkennen, in der sich gerade Jugendliche mit ihren Autos zum Kräftemessen treffen. Sie bringen mit ihren Fahrzeugen „Gummi auf die Straße“. Dafür habe ich über einen alten Legomotor und eine kleine Getriebeübersetzung zwei Modellautos so befestigt, dass sie sich mittels Trafo im

Schiffsverkehr auf dem großen Fluss (Bild oben)
Massive Stützmauern tragen die Bahnanlagen direkt neben – und über – dem Fluss

Der Betrachter hat bei dieser Anlage den Eindruck, dass Landschaft und Fluss zuerst da waren, die Eisenbahn ordnet sich ein.
Das kleine Einklinkerbild erlaubt einen Einblick in die „Unterwelt“, nämlich die Tiefgarage.

Der rechte Anlagenschenkel wird zunächst auch noch vom Fluss dominiert, der hier jedoch den Anlagenausschnitt „verlässt“, d.h., er endet an der Hintergrundkulisse.

Rechts oben beachte man die Verankerung der Fahrleitungsmasten.
Im Bild rechts ein Eindruck von der wohltuend weiträumigen Landschaft ohne Fluss, die ebenfalls alles andere als langweilig wirkt!
Unten noch eine Ansicht mit Fluss und Bahnlinie, die immer wieder begeistern kann.

Kreis bewegen lassen. Des Weiteren ist eine Höhle angelegt, die einen unterirdischen See beherbergt.

Zum Schluss

Ich bin froh, in meiner Frau nicht nur jemanden mit Verständnis für mein Hobby, sondern auch eine Mitstreiterin beim Landschaftsbau gefunden zu haben. Dies trägt sehr zum Familienfrieden bei.

Die Anlage ist natürlich noch nicht fertig, wie es eben in Modellbahnerkreisen so üblich ist. Die Bauzeit beträgt bisher etwa sieben Jahre und wird sicherlich noch einige Jahre andauern, umso mehr, da durch den Beruf und die Familie die Zeit ja nicht kompromisslos und schon gar nicht ohne Ende für die Bahn aufgebracht werden kann.

Alles in allem bin ich aber mit dem bisherigen Ergebnis sehr zufrieden, da sich meine Hoffnung auf ein stressfreies Genießen meiner fahrenden Züge in vollem Umfang erfüllt hat.

Bei den Motiven mit Fluss, Bahn und Weinbergen fühlt man sich unwillkürlich an Rhein und Mosel versetzt, vielleicht auch an die Lahn. Burgen und Ruinen tun ein Übriges, um diesen romantischen Eindruck noch zu verstärken.

Wim Laanstra

Wim Laanstra aus der niederländischen Provinz Friesland ist Baujahr 1954 (Epoche III). Seit dem zehnten Lebensjahr ist er begeistert von der Eisenbahn (DB). Die Liebe zum Lahntal hat angefangen, als er 1989 die Eisenbahn-Journal-Sonderausgabe „Lahntalbahn" in die Hände bekam. Dieses Tal bietet eine der schönsten Eisenbahnstrecken in einer herrlichen Flusslandschaft zwischen Gießen und Koblenz. Wim hat besonders die „barocke" Stadt Weilburg ins Herz geschlossen. Zusammen mit seinem Eisenbahnfreund Albert Boonstra fasste er daher den Beschluss, den Bahnhof Weilburg mit allen Anlagen und Gebäuden in der Nenngröße H0 zu bauen.

Seit 1994 kommen Wim und seine Frau fast jedes Jahr an die Lahn und fotografieren und vermessen weitere Gebäude für den Nachbau. Das Wichtigste für ihn ist das Thema „Die Bahn in der Landschaft". Auf der Basis von Michael Meinholds Broschüre „66 Züge" findet zudem der Bahnbetrieb möglichst authentisch statt.

Günther Kraml

Günther Kraml schaut auf ein reiches, erfülltes Leben für die Modelleisenbahn zurück. Wie nur selten verband sich seine langjährige Profession als erfolgreicher Konstrukteur einer bekannten Modellbahnfirma mit seiner Vita als Modellbahner in den heimischen vier Wänden. Auch bei ihm hatte alles mit einer Märklin-Bahn begonnen. Als kreativer Konstrukteur in der Baugröße H0 versiert, zog es den Hobby-Modellbahner in ihm stärker zu anderen Maßstäben. In der Baugröße 1 (1:32) fand er schließlich das, wonach er, stets experimentierfreudig, schon immer gesucht hatte. Wohl wissend, dass sein bescheidenes Refugium eine Spur-1-Anlage schwierig machen würde, stellte er sich vor etwa zehn Jahren diesem Anspruch – und zauberte eine kleine, feine Kellerbahn, der man ob ihrer gelungenen Eigenbaufahrzeuge und zahlloser, unglaublicher Details kaum ansieht, dass sie überschaubar blieb. So spiegelt sich in seinem häuslichen Werk der Anspruch seines Lebens wider: Fängst du etwas Neues an, so muss es fertig werden und vor allem in jeder Hinsicht funktionieren!

Stefan Westernacher

Stefan Westernacher beschäftigt sich seit 25 Jahren mit Modelleisenbahnen. In dieser Zeit sind acht zumeist wegen Umzügen nicht vollendete Anlagen in Baugröße N entstanden. An der hier vorgestellten arbeitet er – tatkräftig unterstützt von seiner Frau Sandra – seit nunmehr sieben Jahren mit offenem Ende ...